LA LÉGENDE D'ALEXANDRE

Collection « Mythologies » dirigée par
Claude AZIZA

L'« Entracte » a été imaginé par
Annie COLLOGNAT

Ouvrage publié précédemment sous le titre
Contes et légendes du temps d'Alexandre

Pierre GRIMAL

La légende d'Alexandre

NATHAN

Loi n° 49-956 du 16 juillet 1949 sur les publications destinées à la jeunesse : janvier 2005.

ISBN 2-266-15285-8

I

L'ENFANCE D'ALEXANDRE

Le roi Philippe de Macédoine, mécontent de régner sur des montagnards à demi sauvages, et voyant que les villes grecques, à force de discorde, étaient tombées dans un état de faiblesse extrême, entreprit de soumettre la Grèce. Toutefois, il ne voulut pas la conquérir par la force ; il jugea plus habile de se ménager, dans toutes les cités, un parti qui lui serait dévoué, et, pour cela, il entreprit d'accroître partout son prestige.

Or, en ce temps-là, les Grecs estimaient par-dessus tout deux sortes de supériorités : l'habileté à parler en public et les victoires dans les Jeux. Philippe était un assez bon orateur ; et, chaque fois que des ambassadeurs venaient à sa cour, envoyés par quelque cité grecque, il leur faisait de beaux discours, que tout le monde admirait.

De plus, il avait rassemblé autour de lui plusieurs « sophistes » — on appelait ainsi des philosophes maîtres dans l'art de présenter chaque argument sous son meilleur jour [1]. Le roi les entretenait magnifi-

1. Voir Entracte, p. VI (Toutes les notes sont de l'éditeur.)

quement, et eux, à leur tour, allaient répétant que le roi était le plus grand homme du monde.

Il avait aussi, à côté de ses sophistes, une excellente écurie de courses, dont les chevaux remportaient fréquemment le prix dans les grands Jeux de la Grèce. Car Philippe avait passé l'âge de paraître lui-même sur le stade, et il n'aurait pas été convenable pour un roi de subir personnellement une défaite de la main d'un boxeur ou d'un lutteur plus jeune que lui. Mais, si les chevaux de Philippe couraient mal, la faute en retombait sur le cocher ; s'ils couraient mieux que les autres, c'était Philippe qui était déclaré victorieux.

Le roi n'en renonçait pas, pour autant, à soumettre par les armes tel ou tel peuple, telle ou telle petite cité, pour arrondir son royaume aux moindres frais. Petit à petit, la Macédoine devenait un État puissant, avec lequel les cités grecques allaient avoir à compter.

Or, un jour où Philippe, engagé dans une guerre contre les Béotiens, venait de prendre la ville de Potidée, il arriva que trois messagers, haletants, vinrent lui annoncer à la fois trois grandes nouvelles : son général, Parménion, avait remporté une victoire décisive sur le peuple des Illyriens — des montagnards belliqueux dont les incursions en Macédoine étaient redoutables ; ses chevaux avaient gagné la course des chars aux Jeux Olympiques, et, enfin, il lui était né un fils [1]. Trois grandes nouvelles à la fois, et la dernière ne fit pas le moins plaisir au roi. Aussitôt, toutes affaires cessantes, il consulta ses devins. Ils lui prédirent qu'un fils né dans de telles conditions ne pouvait qu'être à son tour un grand roi. Ce que Philippe crut bien volontiers, et il décida que ce fils, promis à

1. Le 21 juillet 356 av. J.-C. (pour toutes les dates, voir « Le temps retrouvé » dans l'Entracte, p. XXVI).

une grande destinée, s'appellerait Alexandre, c'est-à-dire, à peu près, « le Vainqueur des Héros[1] ».

Les devins pensaient encore bien des choses, à propos de ce fils, mais ils les gardaient pour eux. On murmurait en effet, à la cour de Pella (la capitale de Philippe), que les dieux n'étaient pas étrangers à la naissance d'Alexandre. Sa mère, la reine Olympias, avait eu des songes étranges, alors qu'elle l'attendait, qui lui avaient donné à entendre que son fils lui avait été envoyé par Zeus Ammon — l'un des plus grands et des plus célèbres parmi les innombrables Zeus que l'on adorait autour de la Méditerranée[2]. Zeus Ammon avait son temple dans une oasis du désert de Cyrène, entre l'Égypte et les cités grecques installées en Cyrénaïque, et c'était une divinité puissante, dont l'oracle était consulté par une foule de pèlerins.

Dès ses premières années, Alexandre se révéla particulièrement terrible — ce qui n'était pas fort étonnant, car, étant le fils du roi, il fut abominablement gâté par tout le monde. Mais chacun voulait voir dans ses polissonneries la marque de son origine divine et on le considérait avec respect. Il courait avec les enfants du pays, les entraînait à mille aventures et, naturellement, c'était toujours lui le chef. À mener cette vie, son orgueil se développa.

Un jour qu'il s'était distingué à la course, en luttant avec ses camarades, quelqu'un lui demanda s'il n'aimerait pas remporter des prix aux Jeux Olympiques, lui qui courait si vite. « Si, répondit-il, mais

1. Plutôt « celui qui protège les hommes » ; voir Entracte, p. VII.

2. Par son père, Alexandre appartient à la famille des Argéades qui prétend descendre d'Héraclès (Hercule), fils de Zeus, et, par sa mère, fille du roi des Molosses en Épire, à celle des Éacides, descendant d'Éaque, lui aussi fils de Zeus et grand-père d'Achille.

à condition que tous les autres concurrents soient aussi des rois ! »

Et, de fait, toute sa vie, il manifesta une aversion certaine pour les athlètes. Il fonda de nombreux concours, mais toujours pour des poètes, des auteurs de tragédie, des musiciens, jamais pour des lutteurs ou des boxeurs, comme si cette sorte de combats lui faisait horreur.

Visiblement, il avait hâte de régner. Une fois, en l'absence de son père, des ambassadeurs vinrent à la cour, envoyés par le roi de Perse — celui qu'on appelait le « Grand Roi ». Alexandre les reçut et, au lieu de les entretenir des préoccupations habituelles aux enfants, de ses jeux, de ses études, et des mille riens ordinaires, il se mit à leur poser des questions singulières : quelles étaient les routes qui menaient de ville en ville, dans leur pays, et quelle était leur longueur, les voyages étaient-ils difficiles, à l'intérieur de la Perse ? Leur roi était-il un guerrier expérimenté, ou simplement un souverain qui laissait à ses généraux le soin de commander sur le champ de bataille ? Il les interrogea aussi sur l'armement des soldats perses, leur façon de combattre, les étapes que les troupes pouvaient parcourir en un jour.

Or, Alexandre, lorsqu'il posait toutes ces questions, n'avait encore qu'une dizaine d'années. Les ambassadeurs s'amusèrent beaucoup, et ils lui répondirent aussi exactement qu'ils le purent. Ce furent les premiers renseignements recueillis par Alexandre sur l'Empire perse que, quelques années plus tard, il devait conquérir. Certes, les ambassadeurs ne se doutaient pas, ce jour-là, qu'ils parlaient au futur vainqueur de leur roi !

Lorsque Philippe remportait quelque victoire, ou qu'il agrandissait son royaume, Alexandre se désolait et, au lieu de se réjouir, il disait à ses camarades :

« Mon père ne me laissera rien à faire ! Ni vous ni moi, nous ne pourrons devenir célèbres ; partout, Philippe nous aura devancés ! » Car Alexandre, dès sa jeunesse, ne désirait ni la richesse ni la puissance ; il n'avait qu'une passion : celle de la gloire. Et il préférait mille fois recevoir en héritage un royaume plus petit, pour avoir plus d'occasions de l'accroître.

Philippe, fort occupé par les affaires de l'État, laissait Alexandre entre les mains de ses précepteurs ; mais, un jour, il eut la révélation du véritable caractère de son fils. Voici de quelle façon.

Un grand seigneur thessalien, qui élevait des troupeaux de chevaux (car la Thessalie, avec ses grandes plaines, était renommée pour ses chevaux), vint à Pella et offrit à Philippe de lui vendre certain cheval, qu'il disait être extraordinaire, et qu'il appelait Bucéphale — c'est-à-dire « Tête de Bœuf ». Le prix demandé était considérable — plus de deux millions et demi de notre monnaie. Philippe se rendit avec le marchand dans la plaine pour examiner l'animal, car une affaire de cette importance méritait réflexion, et Philippe avait la prétention de s'y connaître fort bien en chevaux. Là, ils trouvèrent Bucéphale, aux mains de quelques valets, mais lorsque les écuyers de Philippe voulurent l'approcher il se mit à ruer, à se démener de telle sorte qu'il fallut se tenir à distance. Philippe essaya de lui parler, pensant que la voix d'un roi serait plus efficace que celle de ses serviteurs ; mais Bucéphale n'y fut pas sensible. Il semblait que ce cheval fût un animal sauvage, et Philippe, qui ne se souciait pas d'acheter si cher un cheval indomptable, déclara que l'affaire ne l'intéressait pas et invita le marchand à le ramener en Thessalie.

Alexandre, toujours curieux, avait suivi son père. Quand il entendit le verdict :

— Quel dommage, dit-il, de laisser aller une si belle

bête ! Pourtant, il n'y faudrait qu'un peu de courage et d'habileté.

Pendant quelque temps, Philippe fit semblant de ne rien entendre, mettant cette réflexion sur le compte de la jeunesse et de l'inexpérience. Mais, comme Alexandre continuait ses remarques dédaigneuses, il n'y put plus tenir et s'écria :

— Eh bien ! mon fils, tu crois en savoir plus long que ton père ? Tu crois t'y connaître en chevaux mieux que lui ? Tu t'imagines que tu pourrais dompter celui-ci ?

— Celui-ci, sans aucun doute ! répondit Alexandre. Je saurais m'y prendre avec lui mieux que n'ont fait jusqu'à présent les écuyers.

— Eh bien ! reprit Philippe, supposons que tu essaies. Si tu ne réussis pas, quelle punition mériteras-tu pour ta présomption ?

— Je te paierai le prix du cheval, répondit Alexandre.

À ces mots, tout le monde se mit à rire. Philippe, qui savait que l'enfant n'avait guère d'argent, voulut cependant le prendre au sérieux et, avec le plus grand calme, accepta le pari. Alors, Alexandre avança calmement vers le cheval, en l'abordant bien en face et, lui prenant doucement la bride, lui tourna la tête dans la direction du soleil. Puis, le tenant toujours par la bride, il lui fit faire quelques pas. Bucéphale ne protestait pas ; il le suivait docilement, comme s'il avait trouvé son maître. Alexandre s'arrêta, lui flatta l'encolure et, lorsque la bête fut calmée, faisant d'un geste de l'épaule tomber son manteau, il bondit légèrement sur le dos du cheval qui se mit à trotter droit devant lui. D'abord, Bucéphale voulut faire un ou deux écarts mais son cavalier, d'une pression modérée, sans lui tirer violemment sur la bouche, sans crier ni le frapper, le remit dans le bon chemin. Et quand il sentit la bête impatiente de galoper, il lui rendit les rênes, la pressa de la jambe et, après un long temps de galop, la ramena devant son père, définitivement domptée.

Philippe, d'abord rempli d'anxiété, avait suivi la scène avec angoisse, mais peu à peu il s'était rassuré et, lorsque son fils sauta à terre en lui présentant le cheval adouci, son admiration ne connaissait plus de bornes. Mais Alexandre, coupant court aux compliments, lui expliqua que ce qu'il avait fait n'avait rien de miraculeux. Il avait remarqué, disait-il, que l'animal n'était effrayé que par son ombre, qui se projetait sur le sol devant lui et plus il se démenait, plus l'ombre s'agitait et accroissait sa terreur. Philippe fut encore plus frappé par l'intelligence dont témoignait cette remarque que par le succès de son fils, aussi longtemps qu'il l'avait attribué à la seule fermeté de sa main. Il versa des larmes de joie, et prenant Alexandre dans ses bras, lui dit :

— Mon fils, il est temps de te chercher un royaume qui soit digne de toi. La Macédoine est trop petite !

Mais il y avait longtemps qu'Alexandre avait eu cette idée, et ce n'était pas sans arrière-pensée qu'il avait si curieusement questionné les ambassadeurs perses, quelques années auparavant.

II

LES PREMIERS TEMPS DU RÈGNE

Lorsque Philippe mourut Alexandre avait vingt ans. La Grèce n'était alors que très imparfaitement soumise et bien des cités demeuraient libres. Les peuples barbares voisins de la Macédoine pensèrent, de leur côté, que le moment était venu de se libérer du joug macédonien et, de tous côtés, ce ne furent que révoltes et menaces de guerre. Les conseillers d'Alexandre étaient d'avis de temporiser ; à leurs yeux, les Barbares étaient de beaucoup les plus dangereux ; c'était contre eux, pensaient-ils, qu'il fallait tourner d'abord leurs forces, et renoncer, pour le moment, à exercer la suprématie en Grèce.

Alexandre leur répondit que s'il avait l'air, si peu que ce fût, de céder aux menaces, tous ses ennemis reprendraient courage et fondraient sur lui.

En conséquence, il commença par ravager tous les territoires des Barbares, au nord de la Macédoine, menant les opérations avec une telle rapidité que tout était achevé alors que les Grecs commençaient à peine à se révolter. Sans désemparer, il retourna ses forces contre les Thébains, qui étaient à la tête de la rébellion. Et comme les Thébains répondaient avec insolence à ses offres de paix, il s'empara de leur ville, la pilla et la détruisit complètement. Tous les habitants furent vendus comme esclaves. Cependant, il en épargna quelques-uns, les descendants du poète Pindare, et il sauva aussi de la destruction la maison que celui-ci avait autrefois habitée. Pindare n'était-il pas l'un des plus grands poètes de la Grèce, presque l'égal d'Homère, et, surtout, n'avait-il pas su donner, par la beauté et la grandeur de ses chants, une gloire immortelle aux vainqueurs qu'il avait célébrés ? Lutteurs, athlètes, vainqueurs à la course du quadrige ne devaient l'éclat de leur nom qu'aux œuvres de Pindare — cette gloire qui, depuis ses premières années, faisait la seule ambition d'Alexandre.

Pendant cette même guerre, il donna une autre preuve de sa révérence pour les illustrations du passé. Les Athéniens avaient ouvertement encouragé les Thébains et, lors de leur défaite, ne s'étaient pas fait faute de témoigner de leur douleur. Ceux des Thébains qui avaient pu s'échapper avaient trouvé un refuge à Athènes, et le roi avait mille raisons d'être irrité contre la cité qui semblait ainsi le défier. Pourtant, il lui pardonna tout. Il se souvenait que, dans le passé, Athènes avait été la seule ville grecque à mener la lutte contre les envahisseurs perses, que les combattants de Marathon et les marins de Salamine avaient empêché le Grand Roi d'étendre sa domination des deux côtés de la mer Égée [1]. Athènes était

1. Les guerres dites « médiques » trouvent leur origine en 499 av. J.-C. dans la révolte de l'Ionie (côte méditerranéenne de la Turquie actuelle), peuplée de colons grecs, qui se soulève contre la domination perse. Une expédition athénienne parvient à brûler Sardes. Après avoir écrasé cette révolte, le roi perse Darius Ier décide de s'emparer de la Grèce.

492-490 av. J.-C. : première tentative d'invasion de la Grèce par les Perses. Glorieuse victoire des Athéniens à Marathon.

481-480 av. J.-C. : Xerxès, fils de Darius, conduit la deuxième expédition en Grèce. Après la défaite des Thermopyles qui permet aux Perses d'envahir Athènes, les Grecs se ressaisissent et, grâce à Thémistocle, écrasent la flotte perse à Salamine (29 septembre 480 av. J.-C.). Xerxès doit se retirer vers l'Asie.

En 479 av. J.-C., les Perses sont définitivement vaincus à la bataille de Platées.

pour lui un exemple, comme si elle lui avait montré le chemin dans lequel il n'allait pas tarder à s'engager, et il l'épargna.

Et cette clémence, sans doute, fit plus pour lui gagner la confiance et l'estime des Grecs que n'avait fait la terreur après la destruction de Thèbes. On le vit à la grande assemblée qui suivit sa victoire, aux Jeux Isthmiques. Là, les Grecs, sans hésiter, choisirent Alexandre comme leur chef et le chargèrent d'entreprendre sans plus tarder une expédition contre le roi de Perse.

L'assemblée se tenait à Corinthe ; tous les ambassadeurs des cités, dans un grand enthousiasme, prononcèrent des discours pour prouver que les insultes infligées autrefois aux Grecs par les rois Darius et Xerxès n'avaient pas été vengées, et ils suppliaient Alexandre de prendre leur cause en main. Alexandre, qui avait provoqué cette prière, eut l'air d'hésiter, puis il se déclara vaincu par tant de supplications, et chacun se mit alors à le féliciter. Un par un tous les grands personnages défilèrent devant lui et lui rendirent hommage. Il y avait, outre les délégués des cités, des hommes d'État, des poètes, et surtout un grand nombre de philosophes, toujours assidus dans toutes les assemblées où l'on parlait. Or, parmi ces philosophes, il en était un dont la réputation dépassait tous les autres. Il s'appelait Diogène, et chacun lui donnait le surnom de Diogène le Chien, car c'était un homme qui faisait profession de n'accepter aucune des conventions de la vie en société. Il était pauvre comme un gueux, mal vêtu, et vivait volontiers couché dans une grosse jarre, comme un chien dans sa niche. On lui attribuait beaucoup de bons mots. Il savait qu'on l'appelait le Chien, et aimait à répéter : « On m'appelle ainsi parce que je caresse ceux qui me donnent, j'aboie contre ceux qui ne me donnent pas, et je mords ceux qui sont méchants. » Et, de fait, Diogène avait la plus mauvaise langue du monde.

Donc, ce Diogène se trouvait à Corinthe lorsque la Grèce désigna le jeune roi pour la mener contre les Perses, et Alexandre s'attendait qu'il vînt, lui aussi, le féliciter. Mais Diogène ne vint pas. Aussi Alexandre alla-t-il le trouver lui-même. Il le trouva couché voluptueusement au soleil. Quand le philosophe vit arriver une troupe nombreuse qui accompagnait le roi, il se souleva sur le coude et regarda fixement tout ce monde, mais il ne dit rien. À la fin, Alexandre lui demanda :

— Eh bien ! Diogène, ne désires-tu donc rien de moi ?

— Si, répondit Diogène, que tu t'écartes un peu de mon soleil ! — car Alexandre, à l'endroit où il se tenait, faisait de l'ombre au philosophe.

Alexandre, loin d'être fâché de ce franc-parler, admira grandement la fierté de cet homme qui n'avait rien, et qui n'en restait pas moins libre devant lui, qui pouvait tout. En s'en retournant, comme les compagnons du roi riaient, plaisantaient et se moquaient du philosophe, Alexandre les interrompit en disant :

— Sachez-le bien : si je n'étais pas Alexandre, je voudrais être Diogène.

III

PREMIERS COMBATS

Au printemps de l'année qui suivit l'assemblée de Corinthe, Alexandre fit ses préparatifs pour passer en Asie et conquérir le royaume des Perses. Naturellement, un tel départ fut entouré de prodiges. On en signalait dans tous les grands sanctuaires de la Grèce. Tous n'ont pas laissé de souvenirs. Deux, seulement, sont venus jusqu'à nous.

Le premier eut pour théâtre le temple d'Apollon, à Delphes. Alexandre, fort dévot bien qu'il se considérât comme le fils de Zeus, ne voulait pas partir avant d'avoir consulté l'oracle de Delphes. Il se rendit donc dans cette ville, et le hasard fit qu'il y arriva un jour où la coutume voulait que l'on ne pût interroger le dieu. Alexandre en fut vivement contrarié. Et comme il n'avait pas l'habitude qu'on lui refusât quoi que ce fût — c'est pourquoi, sans doute, il s'était bien gardé de rien demander à Diogène en qui il devinait un orgueil égal au sien —, il somma la prêtresse (on l'appelait la Pythie) de monter sur le trépied sacré, exprès pour lui, et de lui dire ce que pensait le dieu de l'expédition contre les Perses.

Il lui envoya pour cela un officier qui lui transmit la requête. Mais la prêtresse répondit qu'elle n'avait d'ordres à recevoir de personne, même pas d'un roi ; qu'elle connaissait la loi et les coutumes, et que les dieux étaient supérieurs aux rois. Lorsque l'officier lui rapporta ce refus, Alexandre se rendit lui-même chez la prêtresse et la pressa de faire ce qu'il voulait. Mais elle résista et ne voulut rien entendre. Sur quoi, Alexandre la saisit par la main et se mit en devoir de l'entraîner de force jusque dans le temple. Alors la prêtresse, très fâchée, s'écria :

— Tu es irrésistible, mon fils !

Ce mot frappa Alexandre qui la laissa aller, lui disant qu'il n'avait pas besoin d'un autre oracle ; cette parole involontaire en était un à elle seule, et il ne pouvait en souhaiter de meilleur. Si la Pythie même déclarait qu'on ne pouvait lui résister, n'était-ce pas qu'il serait victorieux dans son entreprise ?

Le second prodige eut lieu en l'absence d'Alexandre. On lui rapporta que, dans certaine ville, une statue du héros Orphée avait été couverte de sueur. Orphée[1] était un héros thrace fort célèbre, à qui l'on attribuait l'invention de la musique et à qui, pour cette raison, plusieurs cités rendaient un culte. La statue en question était en bois de cèdre. Le prodige était donc tout à fait surprenant et les gens du lieu n'avaient pas manqué d'en tirer de fort mauvais présages. Alexandre, lorsqu'on lui raconta la chose, se mit à rire et dit seulement :

— Les poètes peuvent bien transpirer ; ils auront fort à faire s'ils veulent chanter tous les exploits que je vais accomplir !

On voit que le roi ne démentait pas les promesses de son enfance et que lorsque les événements avaient

1. Voir in *Contes et légendes mythologiques*, parus dans la même collection.

l'air de lui donner tort il savait, par la seule force de sa volonté, les faire tourner à son avantage.

Au printemps de cette année-là donc, Alexandre s'embarqua avec son armée. Il n'emmenait avec lui que quarante mille fantassins environ et quelque quatre mille cavaliers. Les gens d'âge et d'expérience le trouvaient bien hardi, et presque insensé, de se mettre en campagne avec si peu de monde contre un roi qui comptait ses soldats par centaines de milliers, et avait d'inépuisables réserves d'hommes. Ils hochaient la tête d'un air entendu et s'attendaient au pire. Et s'ils avaient su toute la vérité, que n'auraient-ils pas dit ! Ce qu'ils ne savaient pas, c'est que le trésor de guerre d'Alexandre n'était pas mieux fourni que ses troupes. Alexandre ne possédait en tout et pour tout que la solde de trente jours. Au-delà, on aviserait.

Mais, bien qu'il fût aussi démuni, Alexandre ne voulut pas laisser ses compagnons sans ressources. Il s'enquit très attentivement de leur situation de fortune et, selon les cas, leur fit divers présents ; aux uns il donna une ferme, aux autres tout un village, ou les revenus d'un port ou d'une petite ville. Le trésor royal se trouva de la sorte presque entièrement vidé et les revenus futurs du royaume en grande partie engagés, pour des années. Alexandre désirait que ses compagnons n'aient aucun souci pour le bien-être de ceux qu'ils laissaient en Macédoine. Mais ses conseillers n'en étaient pas moins fort inquiets. L'un d'eux, voyant toutes ces largesses, s'écria :

— Mais enfin, Seigneur, vous distribuez toutes sortes de richesses aux autres ! Et pour vous-même, que vous restera-t-il ?

Et Alexandre lui répondit :

— L'espoir !

En partant, Alexandre avait de la sorte comme coupé tous les ponts derrière lui. Il lui fallait vaincre ou mourir car il savait bien, au fond de lui-même, qu'il ne reviendrait jamais dans son royaume en vaincu. Il jouait son pouvoir, son royaume, sa vie même, sur un coup de dés : la partie qu'il engageait contre le roi de Perse. Et, avant de se lancer dans l'aventure, il n'avait même pas tenté de mettre de son côté tout ce que la prudence ordinaire eût souhaité. Comme si sa principale force eût résidé en lui-même et que sa propre vaillance, son expérience ou plutôt son sens inné de la guerre avaient équivalu pour lui à des armées.

Il emportait peu de bagages avec lui. Ses armes, les harnachements de ses chevaux — parmi lesquels Bucéphale, un peu vieilli mais toujours vigoureux — et surtout une précieuse cassette, dont il se montrait fort inquiet. Certains croyaient qu'elle contenait des pierres précieuses, d'autres qu'il y conservait des talismans secrets qui lui donnaient un pouvoir surnaturel. La vérité était assez différente : dans cette cassette, Alexandre conservait seulement une copie de *L'Iliade* d'Homère[1]. Et peut-être ceux qui pensaient qu'il y conservait de précieux talismans ne se trompaient-ils pas entièrement. Car la lecture du vieux poème était pour lui une source toujours renouvelée d'énergie et d'héroïsme. Il y trouvait un modèle : cet Achille, jeune comme lui, emporté, et qui comme lui aussi avait joué sa vie dans une aventure de conquête. Les destins n'avaient-ils pas donné le choix à Achille qui pouvait, à son gré, mener dans son royaume une

1. Voir *Contes et récits tirés de* L'Iliade *et de* L'Odyssée, parus dans la même collection.

longue vie sans gloire ou, s'il le préférait, périr jeune mais éternellement glorieux, en combattant contre Troie ? Il arrivait parfois à Alexandre de s'identifier au fils de Pélée en qui sa mère, Thétis, avait mis un sang divin, comme celui qu'il croyait sentir couler dans ses propres veines. Et il ne redoutait pas de tomber, comme lui, en pleine gloire, sur cette terre d'Asie où il allait maintenant aborder.

Aussi lorsqu'il eut franchi l'Hellespont se dirigea-t-il, sans plus tarder, vers le pays de Troie où se trouvait, assurait-on, le tombeau d'Achille. Là, un culte était rendu au héros et à sa protectrice, la déesse Athéna. Alexandre offrit à celle-ci un sacrifice et accomplit tous les rites. Il fit une onction d'huile à la pierre tombale et, avec ses compagnons, se livra à une course autour du monument — car la tradition voulait qu'Achille se plût, dans l'au-delà, à ces exercices qu'il avait tant aimés pendant sa vie. Puis, suspendant des couronnes au tombeau, il soupira et envia le bonheur d'un guerrier qui, aussi longtemps qu'il avait vécu, s'était montré un combattant sans tache, un ami fidèle, et qui après sa mort avait été chanté par un poète aussi grand qu'Homère. Et comme après cela quelqu'un vint lui proposer de lui montrer, conservée en quelque temple, la lyre sur laquelle jouait Pâris[1] — car, de tous les temps, dans les villes et les sites historiques, il est des guides prêts à vous montrer pour quelque argent toutes les reliques du passé, même les plus incertaines —, il

1. Pâris, surnommé Alexandre, fils du roi troyen Priam, fut à l'origine de la fameuse guerre de Troie en enlevant la belle Hélène, épouse du roi de Sparte Ménélas. Ce conflit légendaire, que l'on situe traditionnellement vers 1180 av. J.-C., inaugure une rivalité tenace entre l'Europe et l'Asie, devenues ennemies héréditaires, poursuivie par les guerres médiques.

répondit avec dédain qu'il se souciait bien peu de la lyre de Pâris, mais qu'il y en avait une qu'il verrait avec plaisir : celle d'Achille, qui lui servait à chanter les exploits des guerriers. Sur quoi le guide officieux ne sut que dire, car les curiosités officielles du pays ne comportaient pas cette lyre héroïque.

Cependant les troupes envoyées par Darius pour arrêter l'ennemi s'étaient rassemblées sur les bords d'un fleuve, le Granique, et si Alexandre voulait pousser plus avant sa campagne il lui fallait, dès le début, livrer bataille. Or il se trouvait qu'en cet endroit, le Granique était large et profond, ses eaux rapides, et les rives, de plus, escarpées et malaisées. Les officiers d'Alexandre étaient d'avis de remettre le passage à plus tard, lorsqu'on aurait trouvé un gué ou construit un pont, bref lorsqu'on aurait un moyen plus commode de franchir le fleuve. D'autres lui firent observer que le mois dans lequel on se trouvait était peu propre aux opérations guerrières et que, traditionnellement, les rois de Macédoine s'abstenaient de combattre aussi longtemps qu'il durait. Alexandre, sentant bien que ce n'était là qu'un prétexte honorable donné à leur couardise, déclara qu'il suffisait de débaptiser ce mois pour obtenir un meilleur présage et, sans plus attendre, plongea dans le fleuve accompagné par quelques cavaliers.

Apparemment, c'était une folie. L'armée ennemie occupait la rive opposée, dans une position forte, d'où elle pouvait les accabler de javelots et de flèches. Le courant était violent, et les chevaux avaient peine à fendre l'eau qui les entraînait. Les officiers macédoniens se désespéraient, invoquaient tous les dieux, et s'attendaient au pire. Mais Alexandre n'en continuait pas moins d'avancer, suivi tant bien que mal par ses hommes. Il parvint à prendre pied sur la rive ennemie ; cette rive était couverte d'une boue gluante ;

pourtant les chevaux réussirent à sortir du fleuve, mais pour se trouver aussitôt engagés dans un combat corps à corps. Les ennemis se jetèrent sur eux avec de grands cris et, avant que les cavaliers d'Alexandre n'aient pu remettre un peu d'ordre dans leurs rangs, ils durent soutenir le choc.

Alexandre, que désignaient son armure magnifique et son casque surmonté d'une longue aigrette de plumes blanches, était le principal objectif des soldats perses. Mais, bien qu'il se dépensât sans compter, il semblait invulnérable. Un javelot transperça sa cuirasse, mais le coup s'arrêta avant d'atteindre la chair. Deux seigneurs perses, Rhésacès et Siphridatès, l'attaquèrent à la fois. Mais lui réussit à esquiver l'attaque du premier tout en frappant violemment le second de son javelot, qui se brisa. Il saisit alors son épée et se mit à en frapper son ennemi. Cependant, l'autre, qui revenait à la charge, l'aborda par-derrière et lui assena un terrible coup de hache d'armes sur la tête. L'aigrette vola sous le choc, et la hache pénétra l'acier du casque mais s'arrêta miraculeusement avant d'effleurer les cheveux du roi. Le Perse allait redoubler lorsqu'un compagnon d'Alexandre, Clitus, vint à son secours et abattit le Barbare, tandis que l'autre était tué d'un coup d'épée par Alexandre.

Cet engagement de cavalerie donna le temps à l'infanterie macédonienne, la terrible phalange, de traverser le fleuve. Les fantassins perses ne résistèrent pas à son élan ; transpercés par les longues lances — les sarisses — que les Macédoniens tenaient à plusieurs et dont le choc était irrésistible, ils tombaient les uns sur les autres. Ce qui survécut s'enfuit au plus vite, et les Macédoniens restèrent maîtres du champ de bataille. On assure que, dans cette journée, périrent plus de vingt mille fantassins perses et deux mille cinq cents cavaliers, tandis que du côté d'Alexandre périrent seulement trente-quatre hommes, dont neuf fantassins. Et Alexandre, après avoir fait à ses morts des funérailles magnifiques, ordonna que l'on érigeât sur leurs tombeaux des statues de bronze.

Cette première bataille, qui avait été un succès éclatant, fit beaucoup pour augmenter la confiance des Macédoniens en leur général, en qui ils voyaient une évidente et étonnante fortune. Quant à Alexandre, il était transporté d'enthousiasme et, dans son impatience, ne songeait qu'à aller affronter le roi Darius lui-même sans plus attendre. De leur côté, les habitants du pays, sujets du roi de Perse, se hâtèrent de faire leur soumission à ce conquérant irrésistible qui se chargeait de vérifier le mot, bien involontaire, de la Pythie.

Quelques cités essayèrent bien de résister, mais furent prises d'assaut si vite que nul n'eut le temps de les secourir. En quelques semaines, Alexandre fut maître de toute la côte et des riches régions, très peuplées, qui bordent la mer Égée. Fini l'incertitude du lendemain, l'inquiétude des trésoriers pour savoir comment payer la solde du mois suivant ! Les trésors des villes conquises étaient ouverts, il suffisait d'y puiser. Et, comme il arrive, les dieux se déclarèrent pour Alexandre.

Il existait en Lycie, près de la ville de Xanthos, une source qui, vers ce moment-là, se mit à bouillonner dans ses profondeurs, déborda et rejeta une tablette de bronze sur laquelle étaient inscrits des caractères fort anciens. On porta l'inscription aux prêtres du lieu qui réussirent à la déchiffrer tant bien que mal et lurent — ou prétendirent lire — une très antique prophétie assurant que l'empire des Perses serait un jour détruit par les Grecs. Apparemment ce jour était venu, et c'était Alexandre qui était chargé de réaliser la prédiction.

Comme Alexandre suivait alors la route côtière, en se dirigeant vers le Sud, le bruit courut que la mer elle-même se retirait devant lui aux endroits où la route s'interrompait et où il fallait marcher sur la plage. Bref, partout, il était précédé d'une renommée merveilleuse, due surtout à la rapidité de ses succès, mais qui n'était pas non plus sans lui en valoir de nouveaux.

IV

LE NŒUD GORDIEN

Alexandre avait donc pris pied sur la terre d'Asie, mais il était loin d'avoir remporté la victoire. Sans doute avait-il déjà occupé plusieurs provinces, mais ses succès n'avaient pas entamé les forces du roi et, dans l'armée, il y avait plus d'un soldat pour hocher la tête d'un air entendu lorsque l'on disait que la phalange macédonienne ne ferait qu'une bouchée des troupes perses. En somme, tout ce qui s'était passé jusque-là n'était qu'escarmouches et le sort de la guerre était loin d'être joué.

Or, pendant ces jours-là, Alexandre et son armée avaient pénétré en Phrygie et se trouvaient sur les bords d'un fleuve fameux entre tous, et qui portait un nom célèbre. On l'appelait le Marsyas. Tous les soldats d'Alexandre en avaient entendu parler. On racontait que ce fleuve, dont les eaux arrosaient plusieurs villes et irriguaient de grandes plaines, était sorti du corps supplicié d'un ancien démon du pays, nommé lui aussi Marsyas, qui avait eu l'audace de rivaliser avec Apollon.

Marsyas, l'un des compagnons de Bacchus [1], était

1. Voir in *Contes et légendes mythologiques*, parus dans la même collection.

un satyre, familier des montagnes et des forêts de Phrygie qui, fort ingénieux, avait eu l'idée, le premier, de souffler dans des roseaux ; et il avait, de la sorte, inventé la flûte. Le jour durant il faisait de la musique, et tous les esprits des bois et des eaux venaient danser auprès de lui tandis qu'il jouait. Marsyas était fier de lui-même plus qu'on ne saurait le dire. Son succès lui tourna la tête et il déclarait, à qui voulait l'entendre, être meilleur musicien qu'Apollon lui-même. Car Apollon ne jouait que de la lyre — sans, d'ailleurs, avoir inventé celle-ci, puisqu'il l'avait achetée à son frère Hermès — et il n'avait pour public, ordinairement, que les Muses. Finalement, Apollon apprit les railleries dont il était l'objet de la part du satyre, et décida de le punir. Traversant la mer, il vint en Phrygie et apparaissant à Marsyas, voulut le contraindre à avouer que celui-ci était moins bon musicien que lui-même. Marsyas ne voulut rien entendre, et défia le dieu. Apollon accepta et, d'un commun accord, l'on décida de s'en remettre à des juges pris dans le pays. Chacun choisit les siens — nous ne savons pas qui ils étaient. Un seul nous est connu : le roi Midas, qui régnait alors en Phrygie[1]. Le jour venu, Marsyas commença à jouer. Il le fit avec un charme extraordinaire ; on eût dit le vent dans les roseaux, tantôt la brise très douce du printemps, tantôt le vent de tempête qui agite les eaux des lacs et annonce la pluie. Marsyas imita aussi les mélodies que chantent les nymphes des cascades et, en l'écoutant, les juges croyaient voir devant eux les mille spectacles de la nature. Lorsqu'il eut terminé, ce fut le tour d'Apollon. Plein d'orgueil, le dieu joua

1. Voir *Le Premier Livre des Merveilles* et *Le Second Livre des Merveilles*, parus dans la même collection.

sur sa lyre l'hymne de la grande fête de Delphes. Dans sa musique passaient les reflets d'or des statues et comme des images des grands dieux. Et les juges, malgré tout le plaisir qu'ils avaient pu ressentir en écoutant la flûte de Marsyas, ne purent que déclarer Apollon vainqueur. Seul, le roi Midas donna sa voix à son compatriote.

Apollon, ayant obtenu la victoire, ne fut pas encore satisfait. Il voulut punir Marsyas. Il le fit attacher à un pin et des bourreaux l'écorchèrent. Et du sang qui coulait de ses blessures naquit le fleuve. Comme Apollon n'était pas satisfait non plus du roi Midas, il ne l'oublia pas dans sa vengeance et lui fit pousser, de part et d'autre de la tête, des oreilles d'âne ! Sans doute pour rappeler qu'il n'avait pas d'oreille — au moins en musique.

Midas, rentré chez lui avec ses longues oreilles, était bien ennuyé. La majesté royale s'accommode fort peu de longues oreilles. Midas imagina, pour les cacher, mille stratagèmes. Il ne quitta plus guère sa couronne qu'il portait — heureusement — très haute, et il rabattait ses gênantes oreilles tout autour de sa tête, ce qui ne laissait pas, au bout de quelque temps, d'être assez douloureux. Mais quelque précaution qu'il prît, il ne put dissimuler son infortune à tout le monde. Son barbier s'en était aperçu. Midas lui avait interdit, sous peine de mort, d'en répandre la nouvelle et le pauvre barbier, depuis lors, vivait dans la terreur. Et surtout, ce secret qu'il portait en lui sans pouvoir le faire partager à personne lui était d'un poids indicible. Il avait besoin d'un confident, à tout prix ! Au bout de quelque temps, n'y tenant plus, le malheureux barbier s'en fut au bord du fleuve, creusa un trou dans la terre et à voix très basse, en grand mystère, révéla à la Terre que le roi Midas n'avait plus ses oreilles d'autrefois. Il pensait que la

Terre saurait garder le secret. Et il s'en retournait allégé, le cœur content, lorsque à sa grande terreur il entendit chuchoter autour de lui : « Midas, le roi Midas, a des oreilles d'âne ! » C'était le vent, dans les roseaux, c'étaient les vagues du fleuve, toute la Nature qui répétait, inlassablement, le terrible secret.

Le roi Midas, heureusement, n'allait jamais se promener au bord du fleuve, et il n'en sut jamais rien.

Telles étaient les histoires que se contaient entre eux les soldats d'Alexandre en traversant le fleuve Marsyas et en pénétrant dans la ville de Gordium qui avait été, autrefois, la capitale de Midas.

La ville de Gordium ne résista guère, et Alexandre ne tarda pas y faire son entrée. Comme d'ordinaire, en entrant dans une ville conquise, Alexandre alla rendre visite aux dieux et il pénétra, sous la conduite des prêtres, fort empressés à lui montrer les curiosités du pays, dans le temple de Zeus. Il y avait là, depuis toujours, un très ancien char. On prétendait que c'était celui qui servait autrefois au père du roi Midas, le roi Gordius, qui avait donné son nom à la ville. Ce char avait l'air fort délabré, et il eût été bien incapable de rouler. Mais il conservait, presque intacts, le timon et le joug. Les deux pièces étaient liées l'une à l'autre par un enchevêtrement fort extraordinaire de cordes et de nœuds, et comme Alexandre s'approchait pour examiner ce nœud de plus près, le grand prêtre lui raconta qu'un vieil oracle assurait que la domination sur l'Asie entière appartiendrait à l'homme assez heureux pour dénouer ce nœud.

Or Alexandre était incapable de résister à ce qui ressemblait, de près ou de loin, à un défi. Et c'était bien ce qu'avait compris le grand prêtre. Sans plus réfléchir, Alexandre se mit en devoir de délier le joug.

Longuement il examina le trajet des cordes, essaya de les suivre, mais chaque fois son doigt ou son regard les perdaient. De part et d'autre, les assistants retenaient leur souffle. Les Phrygiens parce que secrètement ils escomptaient un échec, mais n'osaient rien en laisser paraître, les Macédoniens parce qu'ils étaient très inquiets et au fond d'eux-mêmes maudissaient leur roi d'avoir accepté à la légère un défi aussi grave. Car enfin ils avaient beau ne pas croire à ce vieil oracle dont leur parlait un prêtre aussi décrépit que le char de Gordius, avec les dieux on n'était jamais sûr. Et si l'oracle avait été un *vrai* oracle — un de ceux qui se réalisent ? Et si Alexandre n'allait pas se tirer d'affaire, avec ce nœud invraisemblable... qu'allaient penser les Phrygiens ? Déjà, les Macédoniens croyaient en voir quelques-uns rire sous cape. Ah ! on leur apprendrait à mystifier les gens avec des pelotons de ficelle ! Bref ! les Macédoniens suaient sang et eau, tandis que leur roi s'ingéniait à découvrir le fameux secret. Un quart d'heure se passa ainsi. Alexandre témoignait d'une patience inaccoutumée. Un autre quart d'heure. Il y avait une demi-heure que tout le monde attendait le résultat de l'entreprise, et le nœud était aussi solide que jamais. Alexandre n'avait même pas réussi à trouver le bout. L'affaire devenait sérieuse et, dans le temple, les visages se crispaient, l'atmosphère se tendait. Le vieux prêtre commençait à regretter d'avoir raconté cette histoire. Enfin, après une dernière tentative — aussi vaine que les autres —, Alexandre leva la tête. Il regarda autour de lui ; il vit les mines consternées des siens, l'air impassible ou obséquieux des indigènes et, tout d'un coup, comprit l'impasse où il s'était mis. Il fallait en finir. Alors Alexandre porta la main à la poignée de son épée, tout en gardant les yeux fixés sur le vieux prêtre. Il tira la lame, qui brilla dans la pénombre du temple et, brusquement, d'un seul coup, il trancha le nœud. Le joug, libéré, tomba sur les dalles avec un grand bruit qui rompit le silence angoissé. Puis Alexandre se tourna vers ses amis et dit d'une voix calme :

— Il est défait.

Et regardant le prêtre, il ajouta :

— L'oracle ne dit pas de quelle manière ce nœud devait être délié ?

Et le prêtre, humblement, les yeux baissés, répondit :

— Non, Maître, il ne le disait pas.

Le soir, les soldats se contaient cette histoire ; chacun la tenait d'un témoin oculaire. Et tous disaient la grande peur que l'on avait eue ; et tous louaient leur général d'avoir réalisé l'oracle, ou du moins de s'être tiré avec autant d'à-propos d'un aussi mauvais pas. Il n'y avait que le vieux prêtre qui regrettât l'antique nœud du roi Gordius — mais il se consolait en se disant qu'il aurait une histoire de plus à raconter aux prochains visiteurs.

V

DARIUS ET SES CONSEILLERS

Jusque-là, tous les généraux envoyés par Darius à la rencontre d'Alexandre s'étaient fait battre les uns après les autres. Les uns avaient trahi, les autres avaient fui. Le roi était furieux ; il estimait que ses subordonnés avaient manqué de courage et que, de toute façon, aucun n'avait su mériter l'aide des dieux. Il décida donc de se mettre en campagne lui-même. Pour cela, il commença par rassembler une armée digne de sa puissance, qui était immense.

Comme Alexandre se trouvait en Asie Mineure et paraissait devoir descendre vers le Sud, Darius jugea que le meilleur endroit où convoquer son armée était la ville de Babylone, l'une de ses capitales. De toutes parts, les contingents affluaient. Heureusement, Babylone s'étend au milieu d'une grande plaine, et la place ne manquait pas pour faire camper des troupes. Lorsque tout le monde fut là, Darius désira donner à ses soldats une idée un peu précise des forces qui combattaient pour lui. Et, comme avait fait autrefois son ancêtre Xerxès, il résolut de compter son armée. Mais ce n'était pas chose facile. Il y avait des hommes venus de partout. Tous ne parlaient pas la même langue. Et, même si l'on avait pu réussir à faire une évaluation approximative, un simple chiffre n'aurait rien dit à ces esprits simples.

Aussi Darius s'avisa-t-il de l'expédient que voici. Il fit établir, au beau milieu de la plaine, une sorte de camp retranché dans lequel pouvaient entrer dix mille hommes. Et, depuis le lever du soleil jusqu'à son coucher, au jour dit, les soldats pénétrèrent dans l'enceinte par groupes de dix mille. Lorsque l'enceinte était pleine, les hommes ressortaient et cédaient la place à un nouveau contingent. Et cela dura deux jours. Il y avait cent mille Perses, parmi lesquels trente mille cavaliers. Les Mèdes, leurs frères de race, étaient cinquante mille et comptaient, en plus, dix mille cavaliers. Les Arméniens, sujets des Perses, avaient envoyé quarante mille fantassins et avaient ajouté sept mille cavaliers. D'autres peuples, dont les noms mêmes étaient inconnus à Darius, avaient fourni des contingents semblables ; et de plus, l'armée comptait trente mille mercenaires grecs, à la solde de Darius, qui savait pouvoir compter sur leur absolu dévouement. C'était à des centaines de mille que se montait le nombre total.

Darius était ravi. Il retrouvait de l'espoir. Comment, avec une pareille multitude, ne viendrait-il pas à bout de la poignée d'hommes qui accompagnait Alexandre ? D'ailleurs, ses courtisans ne cessaient de lui répéter, à longueur de journée, qu'avec une armée pareille il ne pouvait manquer d'être invincible. Lorsque l'on eut fini de compter les troupes, Darius se tourna vers un Athénien, un certain Charidème, qui se trouvait là et qui haïssait Alexandre, car c'était à cause de celui-ci qu'il avait été exilé de sa patrie.

— Charidème, lui dit-il, ne crois-tu pas que nous voici bien armés pour écraser l'ennemi ?

Mais Charidème, qui estimait à leur juste valeur ces soldats barbares, et qui savait par expérience ce que peut une poignée de Grecs, lui répondit tout autrement que le roi ne pensait :

— Tu veux savoir la vérité, ô Roi ? Ou peut-être ne désires-tu pas la savoir ? Mais si je ne te la dis pas maintenant, demain il sera trop tard. Tous ces hommes, en nombre tel qu'il dépasse l'imagination, te semblent capables de faire peur à tous tes ennemis. Et il est vrai que leurs équipements sont magnifiques ; partout de l'or, des pierreries, des manteaux de pourpre, de beaux chevaux. Oui, c'est un beau spectacle. Ne t'attends à rien de semblable chez les Macédoniens. Leur équipement est pauvre ; mais ils ont de longues lances, qu'ils tiennent solidement. Leur phalange est compacte et hérissée de pointes. Les soldats sont alignés coude à coude : rien que la mort ne peut rompre leur formation. Ils sont attentifs à leurs chefs, obéissent au moindre signal. Ils savent évoluer avec une souplesse étonnante. Et ne crois pas qu'ils fassent tout cela pour de l'argent. Ils sont plus pauvres que le dernier de tes esclaves, que le dernier de tes bergers. Quand ils sont fatigués, ils se couchent sur le sol pour dormir. Ils n'ont pas de valets pour préparer leur nourriture. Ils mangent ce qu'ils font cuire eux-mêmes, à l'étape, tant bien que mal. Et encore, s'il n'y avait que les Macédoniens ! Mais tu auras aussi contre toi d'autres peuples de la Grèce : des cavaliers thessaliens, les meilleurs du monde, et des montagnards d'Acarnanie, et des Étoliens, qui ne connaissent pas la défaite. Tu crois que c'est avec les frondes de tes soldats, ou leurs épieux durcis au feu, que tu les repousseras ? Crois-moi, Seigneur, tu as de l'or et de l'argent, eh bien ! utilise-le pour acheter des soldats de même race et de même valeur que tes ennemis !

On assure que Darius était le plus doux des hommes. Ce jour-là, il fut exaspéré par la franchise de l'Athénien ; d'autant plus qu'il n'était pas très sûr, au fond de lui-même, que l'autre n'eût pas raison. Aussi, sans répondre, par crainte de la vérité, il fit signe à ses gardes d'arrêter Charidème et de le conduire à la mort. Et tandis qu'on l'entraînait, l'Athénien ne cessait de parler :

— Je sais celui qui me vengera, Darius. Il te punira d'avoir méprisé mes avis. Et toi, tu serviras d'exemple pour montrer aux hommes que celui qui a trop confiance dans sa propre fortune ne se connaît plus lui-même.

Il parlait encore lorsque le bourreau lui trancha la gorge.

Pendant deux jours le cadavre de Charidème, abandonné, demeura sur le sol. Darius, qui avait cédé à l'emportement et peut-être aussi à quelque dieu qui désirait sa perte, regretta, au bout de ce temps, d'avoir fait tuer Charidème. Il était bien tard ! Mais tout ce qu'il pouvait faire, il le fit ; et il ordonna de donner au malheureux une sépulture décente.

Cependant Darius était troublé. Les paroles de l'Athénien avaient semé le doute dans son cœur. Aussi, la nuit, était-il visité par des songes. Dans son sommeil il voyait le camp d'Alexandre illuminé d'une grande lumière, puis c'était Alexandre lui-même qu'on lui amenait, vêtu comme lui-même l'était, c'est-à-dire en roi des Perses, et qui traversait à cheval la ville de Babylone. Puis tout à coup la vision disparaissait et le roi s'éveillait, tout mouillé de sueur, le cœur battant, et il envoyait chercher ses devins. Alors c'étaient d'interminables consultations, des discussions où chacun essayait moins de découvrir la vérité que de flatter le roi. Les devins assuraient que le songe était favorable : n'avait-on pas vu le camp d'Alexandre en flammes et le Macédonien dépouillé de ses vêtements nationaux pour être conduit à Babylone à la façon d'un prisonnier ? C'était du moins ce que disaient les devins, qui se souvenaient du sort de Charidème. Mais, au fond d'eux-mêmes, ils étaient d'un tout autre avis. La grande lumière qui avait illuminé le camp annonçait, à n'en pas douter, le rayonnement d'Alexandre, appelé à éclairer l'Asie entière. S'il avait revêtu le costume royal, c'est qu'il serait roi à son tour, à la place de Darius, et qu'il ferait à cheval une entrée solennelle dans Babylone. Mais de tout cela ils se gardaient de ne rien dire, et n'avaient pour le roi que paroles rassurantes et flatteuses. Et Darius, peu à peu, reprenait confiance. Ainsi il s'était entouré de mensonges et d'illusions, un peu parce que les dieux le souhaitaient ainsi, et beaucoup parce qu'il avait eu lui-même peur de la vérité.

VI

ALEXANDRE ET SON MÉDECIN

Pendant que Darius se livrait à ces préparatifs, Alexandre poursuivait sa marche vers le Sud, et était en train de traverser la Cilicie. Il parvint sur les bords d'un fleuve appelé Cydnus. Or, c'était le plein été, et il faisait très chaud. Et de tous les pays du monde, la Cilicie est le plus chaud lorsque le soleil est dans toute sa force. Et le hasard voulut que le roi arrivât sur les bords du fleuve à l'heure de midi. L'eau était limpide, fraîche ; le roi était couvert de sueur et de poussière, car il faisait ordinairement la route à pied, pour donner l'exemple à ses soldats.

Alexandre ne put résister et, malgré l'avis des amis qui se trouvaient avec lui, il se dévêtit et plongea dans le fleuve. D'ailleurs, il n'était pas fâché de montrer aux hommes qu'il se contentait des soins de toilette les plus ordinaires et que l'eau pure d'un fleuve était un bain digne de lui. Mais à peine était-il entré dans l'eau qu'il fut saisi d'un grand frisson ; ses membres devinrent raides, il défaillit et se serait noyé si son écuyer n'était venu à son secours. Ce fut presque un mourant que l'on emmena, évanoui, dans sa tente.

Dans tout le camp, lorsque la nouvelle se répandit que le roi était malade, ce fut une grande terreur. Les hommes parlaient bas, comme s'ils étaient dans la chambre d'un mort. Et les propos qu'ils échangeaient n'étaient guère rassurants : ils étaient en pleine Asie, loin de tout, et environnés d'ennemis. Celui qui les avait conduits n'était plus. Il leur faudrait traverser, pour rentrer en Grèce, un pays dévasté où ils avaient eu grand-peine à trouver de quoi vivre en venant. Maintenant, c'était la famine qui les attendait. Ils rappelaient le vieux souvenir des soldats de Cyrus et de leur retraite à travers la haute Asie, les souffrances des mercenaires grecs privés de leur chef et qui, après des mois et des mois d'efforts, n'étaient plus qu'un petit nombre en arrivant en vue de la mer. Quand reverraient-ils eux-mêmes cette mer grecque qui leur rouvrirait le chemin de leur pays ?

Tandis que les soldats se désolaient de la sorte, Alexandre revenait peu à peu à la vie. Ses yeux se rouvrirent, sa respiration se fit plus libre, mais il était encore bien incapable de se lever et encore plus de combattre. Et l'inquiétude s'ajoutait à sa souffrance. Car le bruit courait que Darius marchait contre eux, et qu'avant quatre jours il serait là avec son armée. Alexandre ne gémissait pas moins que ses soldats d'être ainsi prisonnier de la maladie, lorsque ce serait l'instant décisif. Et dès qu'il fut en état de parler, il convoqua des médecins et ses amis et leur dit :

— Vous voyez dans quelle situation nous nous trouvons. Je suis cloué sur ce lit au moment où je devrais être le plus vigoureux et le plus dispos. Les dieux ne m'ont donc donné tant de victoires que pour mieux me livrer à mon ennemi ? Mais tout n'est pas encore fini. Si vous autres, les médecins, vous êtes capables de quelque chose, je vous mets en demeure de me donner un remède qui me permette de combattre. Je ne veux pas quelque chose qui prolonge ma vie, mais un remède énergique qui me tire de là juste le temps de la bataille.

Les médecins furent plongés dans une grande perplexité. Ils savaient, comme tout le monde, que Darius avait promis une énorme récompense à quiconque réussirait à tuer Alexandre. Si le roi mourait, le médecin qui aurait administré le remède serait suspect ; aussi n'avaient-ils recours qu'à des remèdes éprouvés, inoffensifs, insoupçonnables. Ils essayèrent d'expliquer au malade que sa personne était trop précieuse pour que l'on pût tenter des expériences ; qu'il eût un peu de patience. Après tout, les Perses n'étaient pas encore là ; il serait toujours temps, le moment venu, de courir quelques risques. Mais Alexandre ne voulait rien entendre. Il fallait qu'il fût sur pied immédiatement ; et comme les médecins recommençaient leurs explications, il les congédia en les avertissant d'avoir à obéir.

Or il y avait, parmi les médecins d'Alexandre, un certain Philippe d'Acarnanie, très célèbre, et depuis longtemps attaché à la cour des rois de Macédoine. Il avait vu naître Alexandre et l'avait soigné depuis son plus jeune âge. Et, bien qu'il ne fût plus lui-même très jeune, il avait désiré l'accompagner dans son expédition en Asie pour veiller personnellement sur sa santé. Un pareil homme ne pouvait être suspect. Lorsque tous les autres médecins eurent quitté la tente du roi, Philippe resta seul avec lui et promit d'apporter le remède demandé. C'était, disait-il, une potion très puissante, mais dont l'effet ne serait pas immédiat. Seulement, le roi ne pourrait la prendre avant trois jours, pour laisser à la maladie le temps d'évoluer et de parvenir à son moment critique.

Alexandre commença par protester, disant qu'il voulait être sur pied le jour même. Mais Philippe fut intraitable ; il ne pouvait administrer le remède que le surlendemain. Et Alexandre finit par se soumettre.

Le soir de ce même jour, on porta, dans le plus grand mystère, une lettre à Alexandre. C'était Parménion, le plus important de ses dignitaires, qui le prévenait de ne pas confier sa vie à son médecin Philippe : Darius, disait Parménion, l'avait acheté en lui donnant mille talents d'or, et, de plus, lui avait promis de lui faire épouser sa sœur. Absorber le remède promis par Philippe, c'était aller à une mort certaine.

Alexandre se trouva fort embarrassé. Son premier mouvement fut de croire Parménion. Il savait que les hommes en apparence les plus incorruptibles ne sont pas à l'abri de la tentation. Il se rappelait que son propre père avait coutume de dire qu'il n'y avait pas de place forte imprenable si l'on pouvait trouver une brèche assez grande pour y faire pénétrer un âne chargé d'or. Pourquoi le vieux médecin aurait-il plus de vertu que les autres ? Mais il se rappelait aussi tous les soins dont le vieillard l'avait entouré pendant toute sa jeunesse, et le dévouement dont il avait fait preuve en l'accompagnant dans ses campagnes. Il réfléchit d'autre part que, s'il refusait le breuvage, il renoncerait, du même coup, à trouver la santé. Or, sans la santé, impossible de paraître sur le champ de bataille à l'heure décisive. Et il savait bien que son armée, sans lui, n'aurait plus le même courage. Il croyait — et peut-être n'avait-il pas tort — que les soldats avaient foi en lui, et que lui-même était protégé des dieux. Il n'avait donc le choix qu'entre deux formes de mort : le poison si le médecin était coupable, la captivité et les supplices, s'il demeurait cloué sur ce lit au lieu de marcher à l'ennemi. Finalement, il résolut de se fier à sa chance et de faire confiance au médecin. Sans rien dire à personne, il scella la lettre avec son propre sceau et la dissimula sous son oreiller.

Le jour fixé par le médecin étant venu, Philippe entra, une coupe à la main, et la tendit au roi. Celui-ci la prit d'une main ferme et, regardant Philippe dans les yeux, l'absorba d'un seul trait. Puis, sans un mot, il lui donna la lettre de Parménion. Tandis que le médecin lisait, Alexandre ne le quittait pas du regard. Il pensait que s'il était coupable, quelque indice en paraîtrait bien sur son visage. Mais Philippe, lorsqu'il eut compris de quoi il s'agissait, ne témoigna pas de la moindre frayeur.

— Roi, dit-il, tu sais quelle est mon affection pour toi. Je ne sais comment Parménion a pu formuler contre moi une aussi terrible accusation. Je ne puis répondre que d'une seule façon : en te promettant la santé. Cette potion va te rendre à toi-même. Si tu l'as bue, c'est que tu as confiance en moi. Je t'en prie, ne te tourmente pas maintenant ; laisse agir le remède ; que le trouble de ton esprit ne contrarie pas son effet. Tes amis te sont fidèles, ils s'inquiètent de toi, mais à tort. Réjouis-toi de leur dévouement, mais sois tranquille, ils se trompent.

En l'entendant parler de la sorte, le roi fut rassuré.

— Philippe, lui dit-il, si tu avais voulu éprouver mes sentiments envers toi, je suppose que tu n'aurais pas recouru à une aussi terrible épreuve, mais puisque maintenant les dieux ont voulu qu'il en soit ainsi, tu sais ce que je pense de toi. J'ai bu cette potion et je n'ai plus qu'une hâte : c'est qu'en me rendant la santé elle me permette de continuer la guerre et, en même temps, fasse la preuve de ton innocence.

Bientôt, en effet, le remède commença d'agir, et il était si violent que les pires soupçons pouvaient se trouver confirmés. Alexandre se mit à respirer avec difficulté et, par moments, il était plongé dans une torpeur qui avait l'apparence de la mort. Philippe ne le quitta pas un instant ; il le réchauffait, le réconfortait, lui parlait du temps où il était un petit enfant, auprès de sa mère Olympias. Il l'entretenait du pays, de la Macédoine, de la cour de Pella, et, à sa voix, Alexandre retrouvait son âme d'enfant. Il n'avait plus peur. Il s'abandonnait tout entier à cette amitié qu'il sentait près de lui. Et, le soir, le roi allait mieux. Deux jours plus tard, il était sur pied et put paraître aux yeux de l'armée.

La joie des soldats fut immense ; chacun voulait baiser les mains de ce roi en qui résidait toute leur espérance. Et leur gratitude allait aussi à ce médecin qui le leur avait rendu.

C'est ainsi qu'Alexandre, parce qu'il n'avait pas désespéré de la fidélité d'un homme, fut rendu à la santé et bientôt à la victoire.

VII

LA BATAILLE D'ISSOS

Darius avait appris la maladie d'Alexandre, et il avait la plus grande hâte de l'attaquer. Mais son armée était pesante, et ne se déplaçait qu'avec une grande lenteur. Il fallut cinq jours pour lui faire traverser l'Euphrate. Après quoi, il se mit en route pour la Cilicie, où se trouvait Alexandre.

Celui-ci était engagé dans les passes montagneuses qui occupent le sud du pays.

Il avait envoyé en avant-garde son ami Parménion pour s'emparer des hauteurs dominant les défilés qui donnaient accès à la ville d'Issos. Parménion, lorsqu'il eut chassé de toute la région les quelques garnisons ennemies qui la tenaient, revint trouver Alexandre et lui conseilla d'attendre sur place l'arrivée de Darius. Il représenta que la supériorité numérique du Barbare ne pouvait s'affirmer que dans un pays de plaine ; si les Macédoniens pouvaient s'appuyer, à leur droite et à leur gauche, sur des pentes inaccessibles, ils ne courraient plus le risque d'être tournés et enveloppés. Le roi de Perse, au contraire, ne pourrait pas déployer toutes ses troupes et une grande partie de son armée ne lui servirait à rien. Alexandre et tous les membres du conseil approuvèrent cet avis, et l'on décida de demeurer où l'on était.

Darius, lui, continuait à avancer. Or, il y avait dans son armée un certain Amyntas, Macédonien exilé de son pays, et qui connaissait bien Alexandre. Lorsqu'il vit Darius sur le point d'attaquer l'ennemi dans les défilés de la montagne, il mesura le péril. Il alla aussitôt trouver Darius et lui conseilla de demeurer en deçà de la montagne, afin de pouvoir combattre dans la plaine. Darius répondit qu'il avait peur qu'Alexandre ne s'enfuît et ne réussît à éviter une bataille décisive.

— Ô Roi, dit alors Amyntas, sur ce point tu peux te rassurer, car Alexandre a aussi grande hâte que toi de livrer bataille. Sois bien sûr que, si tu ne te présentes pas à lui, ce sera son armée qui viendra au-devant de la tienne.

Mais Darius ne voulut pas l'écouter ; il donna l'ordre de lever le camp et de pénétrer en Cilicie. Et dans le même moment, Alexandre, lui aussi lassé d'attendre, se mettait en marche pour entrer en Syrie. Mais il arriva, par une heureuse chance d'Alexandre, que les deux armées ne se rencontrèrent pas au cours de la nuit ; et Alexandre revint en arrière, à son ancien camp, tandis que Darius, comprenant son erreur après avoir engagé son armée dans les passes, cherchait à s'en retirer. Mais il était trop tard. Au matin, les Grecs aperçurent l'immense multitude qui venait vers eux. Toute la journée les Barbares continuèrent à monter et, le soir, la vallée, à partir de la plaine, s'illumina aux feux qu'ils allumèrent. Il semblait que, jusqu'à l'horizon, ce ne fût qu'un incendie sans fin. Et Alexandre se réjouit que la Fortune l'eût contraint de livrer bataille à l'endroit même qu'il avait souhaité.

Mais au moment où allait se décider peut-être le sort de son armée, Alexandre sentit, pour la première fois, l'inquiétude l'envahir. Il mesurait, mieux que jamais, l'immensité des forces qu'il avait défiées. Sans doute la Fortune l'avait-elle porté jusqu'ici, mais il savait trop ce qu'il lui devait pour ne pas craindre qu'elle ne changeât brusquement et ne lui fût plus favorable. Il ne restait qu'une nuit et dès que le soleil se lèverait, il serait trop tard pour reculer. Reculer ! Jamais Alexandre ne s'arrêta à cette pensée. Si l'heure était venue de mourir, au moins il saurait périr glorieusement. Il ordonna donc à ses soldats de se reposer, ne laissant que les sentinelles nécessaires pour prévenir une surprise, et leur dit d'être prêts à combattre dès la troisième veille — c'est-à-dire quelque temps avant l'aube. Lui-même monta sur la cime d'une haute montagne, accompagné par des porteurs de torches en grand nombre et là il fit, selon la coutume des Macédoniens, un sacrifice aux dieux du pays.

Lorsque la trompette sonna le réveil, conformément aux ordres les soldats bondirent et, en un instant, se trouvèrent sous les armes. Alexandre donna le signal et tous allèrent occuper le défilé choisi comme champ de bataille. Avant l'aube, les Macédoniens s'y trouvaient en bon ordre, la phalange formée, attendant l'ennemi.

Les éclaireurs de Darius vinrent alors annoncer au roi que les Grecs étaient là. Darius, trompé par le mouvement opéré la veille, s'était imaginé qu'Alexandre fuyait devant lui ; et il eut peine à croire que, maintenant, il prenait l'offensive. Ses soldats, mieux faits pour la parade que pour la bataille, n'étaient guère rassurés. Ils s'armèrent en hâte, au milieu de la plus grande confusion ; chaque contingent obéissait à ses chefs particuliers ; il n'y avait pas unité du commandement, et même les ordres de Darius n'étaient pas exécutés avec précision. Le roi essaya d'encercler l'armée d'Alexandre en chargeant vingt mille fantassins, avec des archers et des frondeurs, d'occuper les crêtes. Mais ces calculs furent déjoués, car les soldats perses qui avaient reçu cette mission n'osèrent pas s'éloigner du gros des forces amies et, des vingt mille hommes, il n'y en eut qu'un nombre dérisoire à parvenir sur la position assignée.

Ainsi l'armée d'Alexandre se trouva appuyée, d'un côté sur la montagne et de l'autre sur la mer, ce qui l'assurait de ne pouvoir être tournée. La phalange formait le centre. Devant, se trouvaient des frondeurs et des archers, mêlés à de l'infanterie légère, très mobile, et destinée à jeter la confusion chez l'ennemi avant le choc. La cavalerie tenait les deux ailes.

Déjà les deux armées étaient en vue, quand les Perses, les premiers, poussèrent une clameur immense, à laquelle répondirent les Macédoniens ; et leur cri, répercuté par les parois de la montagne et les forêts, s'amplifia de telle manière que les Perses les imaginèrent plus nombreux qu'ils n'étaient en réalité. Et les troupes continuaient d'avancer l'une vers l'autre. Les Grecs, remplis d'ardeur, voulaient s'élancer au pas de course ; mais Alexandre, qui se tenait devant les lignes, les ralentissait, car il craignait que trop de hâte ne les conduisît à aborder l'ennemi hors d'haleine et dans de mauvaises conditions physiques ; et, tout en allant et venant devant le front de bataille, il adressait à chaque contingent des paroles propres à exciter leur courage. Aux Grecs des cités libres, il rappelait les outrages qu'ils avaient reçus autrefois de Xerxès et de Darius, dont le présent roi de Perse portait le nom. Aux Macédoniens, il rappelait les conquêtes de Philippe et leurs succès passés, la victoire du Granique. Finies, pour eux, les campagnes contre Illyriens et Thraces ; finie, la vie misérable dans leurs montagnes ; l'Orient et ses trésors s'offraient à eux ; ils n'avaient qu'à puiser.

Enfin, l'on fut à portée de javelot. La cavalerie perse chargea la première, sur l'aile gauche, du côté de la montagne. Darius, qui redoutait surtout la phalange, voulait obtenir un premier succès avant que celle-ci ne fût engagée. Ses cavaliers, rapides, pressèrent ceux d'Alexandre de telle sorte que, déjà, l'aile droite des Macédoniens était enveloppée. Alexandre s'en aperçut, préleva des cavaliers sur l'autre aile et les jeta en pleine mêlée.

Les Perses montaient sans cesse à l'assaut, afin de submerger l'ennemi. Vague après vague, ils s'élançaient, piétinant les blessés que l'étroitesse du champ de bataille empêchait d'emporter. On n'avait pas la place de lancer des javelots, mais on luttait avec l'épée. Et, pour avancer, il fallait abattre l'adversaire ; seule, la victoire pouvait ouvrir un chemin.

Au milieu de cette presse, Alexandre combattait, autant en soldat qu'en chef. Il cherchait avant tout à rejoindre Darius. Celui-ci, debout sur son char, était visible de loin, et paraissait tout dominer. Devant lui, des cavaliers formaient un barrage continu. Mais une charge des Macédoniens bouscula cette garde. Tous les plus nobles chefs perses gisaient autour du char de leur roi, face contre terre, car tous tombaient en combattant.

Les chevaux de Darius, percés de coups de lance, s'emballèrent sous la douleur ; le cocher ne pouvait plus les contenir ; s'emportant dans tous les sens, ils étaient sur le point de jeter le roi à bas du char lorsque Darius, craignant de tomber vivant au pouvoir d'Alexandre, saute de lui-même à terre, s'élance sur un cheval, et, pour passer inaperçu, se dépouille de son costume royal. Puis, à toute bride, il quitte le champ de bataille.

Cependant, les cavaliers de l'aile droite étaient durement malmenés par les Perses. Un escadron de

Thraces avait été piétiné par une première charge. Mais il se trouvait que les cavaliers perses engagés sur ce point étaient recouverts de lourdes cuirasses, faites de plaques de métal cousues ensemble ; même les chevaux étaient protégés de la sorte, ce qui nuisait beaucoup à leur rapidité. Les Thraces, devant la menace, avaient vivement tourné bride, pris du champ, et s'étaient reformés à quelque distance. Sans plus attendre, ils revinrent en masse et tombèrent sur les Perses qui furent surpris et refluèrent en désordre, si bien que, même là, Alexandre était vainqueur.

Au centre, la fuite du roi n'était pas passée inaperçue et la plupart des Perses avaient tourné le dos. Peu à peu, toute la ligne ennemie fut en déroute, poursuivie par Alexandre et les siens. Une poignée d'hommes à cheval talonnait cette masse confuse de fuyards, qui ressemblait moins à une armée qu'à un troupeau désordonné que poussent des bergers. Les Perses qui réussirent à s'échapper prirent tous des directions différentes. Les uns suivirent la route de Perse ; d'autres gagnèrent les montagnes, pour passer inaperçus, à travers les forêts ; quelques-uns seulement revinrent vers le camp de Darius, mais, là, ils trouvèrent les vainqueurs occupés au pillage.

Alexandre, pendant la bataille, avait reçu une blessure ; un coup de dague l'avait atteint à la cuisse. Mais la blessure était légère et ne l'empêchait pas de marcher.

Après avoir poursuivi l'ennemi, il ne tarda pas à revenir pour mesurer l'étendue de la victoire. Sans doute n'avait-il pas pris le roi, qui avait réussi à fuir, mais il avait son char et l'arc royal. Il trouva aussi, dans le camp, ses propres soldats en train de préparer pour son usage la tente du roi.

Cette tente était d'une magnificence inouïe, pleine de richesses et de serviteurs d'une grande beauté, qui aussitôt se mirent à la disposition d'Alexandre, comme s'il eût été Darius. Ils avaient même tout disposé pour le bain, ce qui lui fit grand plaisir, car il était tout couvert de poussière, de sueur et de sang. Il quitta sa cuirasse et suivit les esclaves dans le pavillon qu'ils lui désignèrent. Et quand il vit les cuvettes et les aiguières d'or, les bassins, les baignoires, les brocs, tous ouvragés et incrustés de pierreries, quand il traversa des appartements imprégnés de l'odeur des épices et du parfum des aromates, quand il pénétra enfin dans une dernière tente, vaste et haute, où l'attendait un festin servi sur des tables merveilleusement ornées, à côté de lits recouverts de couvertures brodées, alors il se tourna vers ses compagnons et dit :

— Voilà, apparemment, ce que c'est que d'être roi !

VIII

LA MÈRE DE DARIUS

Alexandre était en train de dîner, le soir de la victoire d'Issos, et ne cessait de s'émerveiller de toutes les richesses entassées autour de lui dans ce qui avait été la tente de Darius, lorsqu'on vint le prévenir que, parmi les prisonniers, se trouvaient la mère, la femme et les deux filles de Darius. Il y avait en outre, ajouta-t-on, le plus jeune fils du roi, âgé à peine de six ans. Toute la famille du roi se trouvait en effet sur le champ de bataille, car il était d'usage que le roi de Perse fût suivi, à la guerre et dans tous ses voyages, par ses plus proches parents. Pendant le combat tous ces gens, avec les serviteurs, étaient restés à l'arrière, protégés par l'infanterie. Maintenant, ce que Darius avait de plus cher était à la merci du vainqueur.

On dit à Alexandre qu'en voyant passer le char du roi et en reconnaissant son arc, ainsi que son vêtement royal, ramassé sur le champ de bataille à l'endroit où il s'en était dépouillé, les femmes avaient poussé de longs gémissements et, sans aucun doute, avaient cru que Darius était mort. Effectivement, en prêtant l'oreille, Alexandre put entendre le bruit de leurs hurlements dans la tente où on les gardait. Elles se désolaient, en psalmodiant des plaintes barbares, et parfois poussaient de grands cris suraigus, à la façon des femmes perses pendant les funérailles. Les soldats macédoniens et grecs qui les entendaient étaient tout troublés et mal à l'aise, tant ces lamentations leur semblaient sinistres et s'accordaient mal avec leur propre joie. Et l'ardeur du combat étant maintenant tombée, leur âme était plus accessible aux émotions humaines.

Alexandre lui-même fut troublé. On assure qu'à la nouvelle que ces femmes étaient prisonnières, il pleura sur le destin de Darius, le matin maître d'une immense armée, et maintenant en fuite, à peu près seul, sur les routes de son royaume. Et il décida de consoler les prisonnières, en leur faisant savoir que celui qu'elles pleuraient n'était pas mort. Il leur envoya pour cela l'un de ses amis, appelé Léonnatus, qui parlait la langue perse.

Léonnatus, accompagné de quelques gardes, se présenta dans la tente des captives. Il vit la mère de Darius, femme d'un grand âge, dont l'apparence majestueuse commandait le respect ; à côté d'elle, la femme du roi, jeune encore et d'une grande beauté, qui serrait sur sa poitrine le fils de Darius ; dans les bras de l'aïeule, ses deux plus jeunes filles, effondrées, accablées de douleur, muettes. Tout autour, des femmes nobles, des esclaves, toute une foule désolée, cheveux épars, vêtements en lambeaux, et hurlant sans cesse.

Lorsque ces femmes aperçurent Léonnatus et les soldats, elles se turent soudain, pensant leur dernière heure arrivée, et qu'ils venaient pour les massacrer. Dans la tente, il se fit donc un grand silence, troublé seulement par les sanglots des deux jeunes filles. Et Léonnatus se tenait debout sur le seuil, attendant que quelqu'un l'introduisît auprès des princesses. Mais personne ne s'avança, tant la crainte était grande.

Alors, laissant son escorte au-dehors, il entra. Son geste suffit à achever de bouleverser ces femmes qui se jetèrent à ses pieds et le supplièrent de leur permettre, avant qu'on ne les tue, d'ensevelir Darius selon la coutume perse. Après cela, disaient-elles, elles mourraient avec courage. Et lorsque Léonnatus leur dit que le roi était vivant, que leurs gémissements étaient sans objet, d'abord elles ne voulurent pas le croire ; mais, à la fin, elles se laissèrent relever et cessèrent de pleurer.

Alexandre leur permit d'ensevelir ceux de leurs parents qui se trouvaient parmi les morts, comme elles l'entendraient. Il leur accorda aussi de prendre dans le butin les vêtements et les parfums nécessaires. Ce qu'elles firent avec modération, car elles ne voulaient pas offenser les Macédoniens en entourant leurs propres morts d'un luxe plus grand que celui dont ils honoraient les leurs.

Les cérémonies funèbres terminées, Alexandre leur fit savoir qu'elles pourraient continuer de mener la même vie que par le passé. Il leur conserva leurs serviteurs et leur fit compter les mêmes sommes qui, du temps de Darius, servaient à leur entretien, si bien qu'en apparence, il n'y eut rien de changé pour elles, bien qu'elles fussent des captives, dans le camp de leur vainqueur.

IX

COMMENT ALEXANDRE PASSAIT SES JOURNÉES

On imagine que, en prenant la place de Darius et puisant librement dans les trésors du roi, que celui-ci non seulement avait emmenés avec lui et qui furent pris après Issos, mais ceux aussi qu'il avait laissés dans la ville de Damas et qu'un gouverneur infidèle ne tarda pas à livrer au conquérant, Alexandre se trouvait maître d'une richesse plus grande que tout ce qu'il avait connu jusque-là. Mais sa vie de chaque jour n'en fut guère transformée.

Naturellement, chacun des peuples soumis s'ingéniait à lui faire de grands présents. Mais il n'acceptait que ceux qu'il pouvait à son tour donner à ses soldats. C'est ainsi que la reine de Carie, devenue sa vassale, s'ingéniait à lui faire porter, jour après jour, toutes sortes de mets choisis et de pâtisseries, et finalement lui envoya des pâtissiers et des cuisiniers fort habiles. Mais Alexandre les lui renvoya, en disant qu'il n'en avait aucun besoin, car son précepteur, Léonidas, lui en avait, disait-il, donné de meilleurs : avant le déjeuner, une marche de nuit, et pour préparer le dîner, un déjeuner léger.

— Et le même Léonidas, ajouta-t-il, avait coutume

de fouiller lui-même sous mon lit et dans mes vêtements pour voir si ma mère ne m'avait pas donné en cachette quelque friandise dont je n'avais nul besoin.

Sa condition de roi l'obligeait, sans doute, à tenir table ouverte et, chaque soir, ses officiers partageaient son repas. Et, comme il ne voulait pas les traiter chichement, il leur faisait préparer toutes sortes de plats recherchés, mais il les leur distribuait presque entièrement et ne gardait pour lui que ce qu'il y avait de plus ordinaire. En ce temps-là, il buvait avec modération. La coutume voulait alors, chez les Grecs, qu'après chaque dîner l'on restât longtemps à boire et à bavarder. On apportait un grand vase — appelé cratère — que l'on disposait au milieu de la salle du banquet et où l'on mêlait le vin et l'eau, car les vins, en ce temps-là, étaient fort épais et on ne pouvait les boire purs. Donc, au cours de ces longues soirées, Alexandre buvait fort peu, faisant durer chaque coupe et prolongeant la causerie. Car il était un causeur infatigable. Mais l'une de ses faiblesses était qu'il aimait se vanter. On aurait pu croire qu'un conquérant aussi heureux, qui avait accompli tant de grandes choses, serait au-dessus d'une telle petitesse. Mais il n'aimait rien tant que faire son propre éloge, et il n'était flatterie si énorme qu'il ne prît pour la vérité. Les plus délicats de ses hôtes se sentaient gênés, car ils ne voulaient pas enchérir sur les flatteurs et, d'autre part, il n'était pas sans péril de s'en tenir à la vérité.

Une fois la soirée terminée, Alexandre prenait un bain et se retirait pour dormir. Si, le lendemain, il n'avait aucune affaire pressante, il lui arrivait de dormir jusqu'à midi et même parfois de passer tout le jour au lit. Mais, le plus souvent, il se levait tôt et après un sacrifice offert aux dieux — car il commençait toujours ses journées par la prière — il prenait un rapide déjeuner, assis et non couché, comme l'on mangeait alors. Puis il rendait la justice, inspectait quelque troupe, et partait à la chasse. Il avait une passion pour la chasse au renard, qu'il poursuivait à cheval quelquefois fort loin dans la campagne. Lorsque le temps était maussade, il lisait.

Parfois, au cours des marches effectuées avec ses soldats, il s'entraînait au tir à l'arc ou s'exerçait à monter et à descendre rapidement d'un char. À aucun moment il n'oubliait que sa véritable occupation était la guerre et, qu'en dépit de sa victoire, il n'avait pas encore atteint le but qu'il s'était fixé.

X

LE ROI DE SIDON

Darius s'était enfui vers l'Euphrate ; il considérait qu'il avait perdu une bataille, mais que la guerre n'était pas achevée. Alexandre n'occupait, en somme, que quelques provinces côtières, à la lisière de l'empire, et les ressources du grand roi n'étaient pas sérieusement amoindries. Il envoya au conquérant plusieurs lettres insolentes, mêlant aux outrages des offres de paix et même d'amitié. Mais Alexandre ne voulait qu'une reddition totale : c'était l'empire perse tout entier qu'il désirait. À ce prix, toutefois, il était prêt à laisser la vie sauve à Darius, si celui-ci le reconnaissait pour son roi. Or, de cela, Darius ne voulait pas entendre parler. Il se remit donc à préparer une nouvelle armée.

Cependant, Alexandre avait quitté la Cilicie et pénétrait en Syrie. Il prit d'abord l'antique ville de Byblos, puis il se présenta devant Sidon ; le roi du pays, qui était un vassal de Darius, capitula aussitôt et Alexandre chargea l'un de ses principaux lieutenants, Héphestion, de lui trouver un successeur.

Or, à Sidon, Héphestion était l'hôte de deux jeunes gens fort riches et très populaires. Il pensa qu'il avait là des rois tout trouvés, mais les jeunes gens, qui connaissaient bien leurs compatriotes, se dirent que, s'ils acceptaient le pouvoir, c'en était fait de leur popularité, et qu'ils iraient au-devant de mille ennuis ; aussi s'excusèrent-ils, assurant qu'ils n'étaient pas assez nobles pour régner et qu'il fallait trouver quelqu'un de sang royal.

Les deux jeunes gens promirent de découvrir un candidat acceptable et se mirent en campagne. De candidats, il n'en manquait point. Tous les personnages un peu marquants de la ville venaient faire la cour aux deux jeunes gens — car la mission dont ils étaient chargés n'avait pas tardé à être connue — et chacun assurait qu'il serait un excellent roi. Mais les deux jeunes gens se défiaient de toutes ces vocations royales. Après maintes réflexions, ils décidèrent d'offrir la royauté à un personnage qui ne témoignait d'aucune ambition et qui, pour cela même, leur parut le plus digne d'être roi. C'était un certain Abdonyme, un parent assez éloigné de l'ancien roi, et qui vivait dans la plus grande pauvreté. Pour se procurer quelques ressources, il cultivait un médiocre jardin dans la banlieue de Sidon. On le voyait tout le jour parmi ses légumes et ses arbres fruitiers, et il allait lui-même vendre au marché le produit de son travail. Il était si occupé par son jardin qu'il n'avait pas entendu, derrière ses hauts murs, le fracas d'armes qui bouleversait l'Asie.

Sans le prévenir, les deux frères se présentèrent à lui, un beau matin, alors qu'il arrosait une planche de melons, et lui tendirent un vêtement royal. Abdonyme fut stupéfait et, d'abord, ne comprit pas ce dont il s'agissait. Appuyé sur la houe qui lui servait à creuser les canaux d'irrigation, essuyant d'une main la sueur qui perlait à son front, il leur demanda au juste ce qu'ils désiraient. Et comme les deux jeunes gens le saluaient du nom de roi, il leur demanda s'ils avaient toute leur raison de venir se moquer ainsi de lui, et leur représenta qu'une telle effronterie était indigne d'eux. Mais les jeunes gens insistèrent et le pressèrent de quitter ses guenilles et de laver la sueur et la poussière de son corps, pour recevoir dignement l'hommage de ses sujets.

— Lorsque tu seras roi, lui dirent-ils, n'oublie pas la sagesse et la modération dont tu as fait preuve jusqu'ici; et ces soins que tu donnais à ton jardin, donne-les désormais à notre cité tout entière.

Abdonyme croyait rêver. Pourtant, à la fin, il se laissa convaincre. Abandonnant sa houe et ses melons, il rentra dans sa cabane, se lava aussi bien qu'il le put, et lorsqu'on lui eut passé un vêtement de pourpre et d'or et que les jeunes gens lui eurent prêté le serment d'obéissance et de fidélité, alors il commença à croire à sa fortune. Enfin convaincu, il suivit les jeunes gens jusqu'au palais et se conduisit en roi.

Mais le choix d'Abdonyme fut loin de contenter tout le monde. Les riches bourgeois, qui avaient caressé l'espoir de régner, allaient critiquant le nouveau roi auprès des amis d'Alexandre. Comment, disaient-ils, cet homme qui n'a même pas su se sortir d'une honteuse pauvreté saura-t-il gouverner une ville comme la nôtre ? Hier encore nos cuisiniers lui achetaient des légumes au marché, et tout ce qu'il avait à commander au monde était son âne — qui, d'ailleurs, ne lui obéissait pas toujours. C'est devant notre marchand de légumes que, désormais, nous devons faire la révérence, et c'est lui qui nous commandera ! Pourquoi avoir fait confiance à deux jeunes fous qui n'ont eu d'autre idée que de monter une gigantesque farce ?

Le bruit de ces plaintes parvint jusqu'à Alexandre, qui désira examiner lui-même l'affaire. Il vint à Sidon et se fit présenter le roi-jardinier. Il conversa longuement avec lui, et les réponses d'Abdonyme lui parurent sages et pleines de bon sens. À la fin, il lui dit :

— Tu m'as l'air de ne pas être indigne du sang royal dont tu descends. Mais, dis-moi, on m'assure que, presque toute ta vie, tu as été pauvre. Comment supportais-tu ta pauvreté ?

— Comme je voudrais, répondit l'autre, supporter la royauté ! Avec courage et patience. Regarde mes mains.

Et les mains d'Abdonyme étaient rudes et encore marquées par le travail.

— Regarde mes mains ; elles m'ont permis de travailler et elles ont suffi à mes besoins. Je n'avais qu'elles, et jamais je n'ai manqué de rien.

Alexandre, devant cette fière réponse, se souvint de Diogène. Il jugea que cet homme portait en lui, comme le philosophe, une âme vraiment royale et, non seulement il confirma son élévation sur le trône de Sidon, mais il lui fit remettre une bonne part du butin conquis sur Darius ; et, en outre, soumit à son autorité une grande partie du pays environnant.

XI

LA PRISE DE TYR

Une fois réglé le sort de Sidon, Alexandre continua sa route vers le Sud et bientôt se trouva devant Tyr. La ville de Tyr, l'une des plus anciennes de la Phénicie, se trouve sur une île, séparée de la terre ferme par un étroit chenal. Alexandre établit son camp sur la côte et attendit que les Tyriens vinssent lui rendre hommage. Mais ceux-ci étaient plus disposés à l'accueillir en allié qu'en maître, et ils se contentèrent de lui dépêcher des ambassadeurs, avec une couronne d'or, et quelques provisions de bouche destinées à son armée.

Alexandre les accueillit aimablement, considérant qu'ils lui apportaient des présents d'hospitalité, et leur adressa des paroles bienveillantes. Il leur dit notamment qu'il désirait par-dessus tout offrir un sacrifice à Hercule, le grand dieu des Tyriens, car Hercule comptait parmi ses ancêtres[1]. À quoi les ambassadeurs répondirent qu'il pouvait le faire très commodément sur la côte même, à l'endroit où il se trouvait,

1. La dynastie des Argéades prétendait descendre du fameux héros aux douze travaux, que l'on retrouvera dans *Contes et légendes mythologiques* et *Les Livres des Merveilles*, parus dans la même collection.

car c'était là qu'était situé le plus ancien sanctuaire du héros. Ce qui était une façon détournée de lui refuser l'entrée de Tyr. Alexandre ne s'y méprit pas et entra dans une violente colère.

— Oui, leur dit-il, je pense que votre assurance vient du fait que vous habitez dans une île, et vous méprisez, vous autres marins, mon armée de fantassins. Mais bientôt, sachez-le, je ferai en sorte que votre ville soit sur le continent ; et lorsque vous serez assiégés, il sera trop tard pour vous repentir de l'insulte d'aujourd'hui !

Puis il les congédia.

Les ambassadeurs revinrent dans la ville et rapportèrent à leurs compatriotes ce qu'avait dit leur roi ; ils leur conseillèrent spontanément d'accueillir celui-ci, puisque toutes les autres cités de Phénicie et de Syrie en avaient fait autant. Mais les Tyriens étaient fort orgueilleux et, comme Alexandre l'avait compris, ils étaient remplis de confiance par leur position. Ils décidèrent donc de soutenir le siège dont les menaçait le roi.

Et, de fait, ils avaient quelques motifs de confiance, car leur ville était séparée du continent par huit cents mètres de mer, fort profonde, et toujours agitée par les vents du Sud, qui dominent dans cette région. Les soldats d'Alexandre se mirent bientôt en devoir de construire une digue, mais les vagues soulevées par le vent démolissaient à mesure ce qu'ils avaient péniblement édifié tandis que la mer était calme. À peine la jetée avait-elle atteint la surface que le flot entraînait les matériaux, et tout était à recommencer. Et quand bien même on aurait réussi à construire la digue, le problème n'en aurait pas été résolu pour autant. Car les murailles de la ville elle-même se dressaient à pic sur une eau très profonde, sans laisser le moindre espace où des combattants auraient pu prendre pied. Si l'on voulait attaquer, il fallait le faire avec des bateaux. Or Alexandre n'avait pas de bateaux. Toute sa flotte se trouvait bien loin de là, dans l'Égée du Nord, et avait fort à faire pour se défendre contre les amiraux du grand roi. Il ne fallait pas songer, pour le moment, à entreprendre des opérations d'aussi grande envergure. Il y avait bien quelques petits navires, mais il n'était guère possible de s'en servir pour une attaque ; le pont de ces navires légers était trop mobile pour que l'on pût y installer des machines, et le tir des ennemis aurait suffi à les couler.

On en était là lorsqu'un autre fait vint accroître l'assurance des Tyriens. C'était l'époque des grandes fêtes annuelles que l'on célébrait dans la ville, et des envoyés de Carthage y étaient venus prendre part. Carthage[1], en effet, était une colonie de Tyr et jamais les liens entre les deux cités ne s'étaient relâchés. Les envoyés carthaginois, devant la menace d'Alexandre, assurèrent les Tyriens que leur ville ne tarderait pas à leur envoyer des secours. Et à cette époque, les flottes carthaginoises couvraient les mers. La promesse n'était donc pas négligeable.

Aussi, plus que jamais, les Tyriens furent-ils ardents à se préparer. On disposa des machines sur les murailles, on consolida les tours, on distribua les armes, on répartit tout ce qu'il y avait d'artisans entre les arsenaux, et, tout le jour, ce n'était plus que bruit de marteaux sur l'enclume, fumée des forges, et tout le fracas des armes. On inventa des machines nouvelles pour parer aux attaques par bateau, si Alexandre décidait d'y recourir. On forgea des mains de fer,

1. Voir *Contes et récits tirés de l'histoire de Carthage*, parus dans la même collection.

des sortes de harpons destinés à être jetés sur les bateaux ennemis, où ils s'accrocheraient pour être ensuite halés avec des treuils, soulevant le bateau ou disloquant sa membrure.

Mais lorsqu'on alluma la première forge et que l'on eut placé le premier morceau de fer dans le feu, il se produisit un prodige : des ruisseaux de sang apparurent au ras des flammes. Les Tyriens, loin de s'effrayer, en déduisirent que ce fer était destiné à faire couler en abondance le sang de l'ennemi. Tant les présages sont choses ployables à merci, chacun les interprétant selon son désir.

Vers le même temps il se produisit un autre prodige, celui-ci dans le camp d'Alexandre. Un matin, en rompant le pain, les soldats en virent couler du sang. Ils se hâtèrent de rapporter la chose au roi, qui fut fort effrayé. Le devin consulté l'invita à se rassurer car, disait-il, si le sang avait coulé en venant de l'extérieur du pain, le présage eût été défavorable ; mais comme il venait de l'intérieur, cela signifiait qu'il coulerait aussi à l'intérieur de la ville, et que ce serait celui des assiégés.

D'autres prodiges, d'ailleurs, marquèrent le siège de Tyr qui dura sept mois. Une nuit, Alexandre vit en songe Hercule, qui lui tendait la main du haut du mur de la ville et lui faisait signe d'entrer. Et pendant ce temps, plusieurs Tyriens eurent le même rêve ; ils entendaient Apollon leur déclarer qu'il était mécontent de ce qui se passait dans la ville et qu'il partait rejoindre Alexandre. Les citoyens, frappés du fait que plusieurs d'entre eux avaient eu le même rêve, décidèrent d'attacher avec des cordes la statue du dieu pour l'empêcher de s'échapper, et lui clouèrent solidement les pieds à son piédestal.

Mais tous ces présages n'avançaient pas beaucoup les choses. Alexandre, qui mesurait les difficultés de l'entreprise, tenta un dernier effort ; il envoya des hérauts aux Tyriens, pour leur offrir encore une fois la paix. Mais les Tyriens, contre tout droit, massacrèrent les hérauts et précipitèrent leurs cadavres du haut de leurs murailles. Il fallait, sous peine de déshonneur, venger l'insulte.

Alors on rassembla de grandes quantités de pierres provenant des ruines de la plus ancienne ville de Tyr, qui était située, elle, sur le continent, et que ses habitants avaient abandonnée, bien des siècles auparavant, pour aller occuper l'île. On coupa, dans la montagne, de grands arbres que l'on amena sur le rivage avec leurs branches. On alla chercher dans le Liban des cèdres pour faire des radeaux et des tours. Le travail avait progressé, lorsque les Tyriens, montés sur de petites barques, imaginèrent de venir harceler les soldats d'Alexandre, se moquant d'eux parce qu'ils portaient sur le dos des charges de pierres et de bois, comme des mulets. Puis, ce qui était plus dangereux, ils les assaillaient à coups de flèches, de javelots et de fronde. Les soldats ne pouvaient guère se défendre, car les canots des Tyriens étaient rapides, légers, très maniables, et les fantassins d'Alexandre étaient exposés à leurs coups, comme s'ils avaient été harcelés, dans une plaine, par une multitude de cavaliers. Alexandre imagina de protéger ses hommes par des peaux et des voiles, que l'on tendit autour des chantiers ; en outre, il fit élever deux tours à l'extrémité du môle ; de là, des archers et des frondeurs pouvaient riposter efficacement.

Alors les Tyriens inventèrent un autre moyen d'attaque. Prenant un vieux navire, de très grandes dimensions, ils le chargèrent de bitume et de soufre et lestèrent sa poupe avec des pierres et du sable, si bien que le bateau naviguait la proue en l'air tandis que l'arrière était très enfoncé sous l'eau. Puis ils le lancèrent à toute vitesse contre l'avant du môle, à l'endroit où se dressaient les tours. Le bateau pénétra au milieu du chantier, fracassant tout, et vint s'échouer très en avant. Un peu avant le choc, les marins tyriens qui le montaient avaient mis le feu au soufre et au bitume et s'étaient lancés à l'eau, où des chaloupes qui suivaient le navire les avaient recueillis. En même temps, d'autres canots lançaient sur l'ouvrage des torches et des matières combustibles. Si bien que le feu se mit aux deux tours et que les soldats qui se trouvaient aux étages supérieurs durent se jeter dans la mer, où les attendaient les Tyriens.

Le même jour, comme si la Fortune elle-même s'acharnait contre l'entreprise d'Alexandre, un fort vent se leva, des vagues de fond se précipitèrent sur le môle, en bouleversèrent les fondations. Les masses de pierre qui soutenaient les couches de terre furent disloquées, et le môle s'effondra en son milieu.

Alexandre ne se découragea pas. Il réfléchit que la cause du désastre était le vent violent qui avait soufflé ce jour-là, et, pour y parer, décida d'orienter le môle non plus perpendiculairement au vent mais face à lui, de façon à opposer à ses efforts un front inébranlable. Il élargit la chaussée du môle afin de mettre les tours hors de portée des traits lancés depuis la mer, et le travail recommença. Mais les Tyriens continuaient à mettre tout en œuvre pour l'empêcher ou du moins le rendre très difficile et le ralentir autant que possible. Ils envoyaient des plongeurs armés de crochets, qui se glissaient sous l'ouvrage et tiraient violemment sur les branches des arbres qui dépassaient. Toute la masse se trouvait de la sorte ébranlée et le reste des matériaux s'écroulait.

Alexandre, voyant que tous ses efforts demeuraient vains, commençait à se demander s'il ne renoncerait pas au siège, lorsque sa flotte apparut, venant de

Chypre. Les navires perses, qui l'avaient retenue jusque-là, avaient été mis en déroute, et rien n'empêchait plus de monter une opération où marins et fantassins combineraient leur action. Dès que les navires furent à sa disposition, Alexandre entoura la ville et commença l'attaque. On disposa des béliers sur les plus gros d'entre eux et, bientôt, les murs furent ébranlés. Les Tyriens bouchaient les brèches comme ils pouvaient, avec de grosses pierres, et commencèrent aussitôt la construction d'un second mur, en arrière du premier, à titre de précaution ; mais les Macédoniens attaquaient avec une vigueur accrue, maintenant qu'ils entrevoyaient le succès. Réunissant deux par deux les proues de leurs navires, dont ils maintenaient les poupes écartées autant qu'ils le pouvaient avec des madriers et de longues planches, ils constituaient ainsi des sortes de radeaux capables de porter les plus lourdes machines et servant de plateforme aux fantassins. Et l'attaque ne se ralentissait ni jour ni nuit.

Mais voici que, vers minuit, alors que le désespoir commençait à gagner les Tyriens, le ciel se couvrit de gros nuages noirs, la mer se mit à frissonner et bientôt à se soulever, à mesure que fraîchissait la brise. Les navires se mirent à rouler, les proues à s'entrechoquer, les radeaux à se disloquer. Les liens retenant les navires les uns aux autres se détendaient, les planchers s'effondraient, et les soldats étaient précipités dans la mer. Bientôt, ce fut une vraie tempête. Quel moyen, par un aussi gros temps, de gouverner des bateaux attachés entre eux ? Les marins étaient gênés par la multitude des soldats. Enfin, à force de rames, les pilotes finirent par ramener la plupart des bateaux au rivage. Mais dans quel état ! Il fallut tout réparer, et cela demanda des jours, pendant lesquels les Tyriens consolidaient leurs murailles et préparaient de nouveaux moyens de défense. On le vit bien, lorsque, le beau temps revenu, les Macédoniens reprirent l'attaque. Les Tyriens précipitaient sur les soldats des boucliers chauffés à blanc, remplis de vase ou de sable bouillants. Le sable et la boue pénétraient partout, se glissant entre les cuirasses et le corps, et il n'y avait aucun moyen de s'en débarrasser ; les soldats étaient cruellement brûlés, et, la douleur devenant intolérable, ils se dépouillaient de leurs cuirasses, s'exposant sans défense aux coups des assiégés.

Le siège dura encore plusieurs semaines et les Macédoniens perdirent beaucoup de monde, au point que le roi, qui se voyait retenu devant Tyr plus de temps qu'il n'en avait mis à conquérir toute l'Asie Mineure, songea sérieusement à abandonner Tyr sans la prendre. Après une tentative plus harassante encore que les autres, il avait laissé à ses troupes quelques jours de repos et les Tyriens s'abandonnaient aux réjouissances, comme si la victoire leur était définitivement acquise. Dans le camp d'Alexandre, on offrait un grand sacrifice lorsque le devin Aristandre, en consultant les entrailles de la victime, déclara aux assistants que la ville serait certainement prise dans le courant du mois. Tout le monde se mit à rire car l'on était au dernier jour du mois, et l'on semblait bien loin du but !

Alexandre eut pitié de l'air déconfit du devin, qui avait prononcé son oracle sans songer à la date, et décida que le mois serait prolongé de deux jours. (Car, en ce temps-là, les mois n'avaient pas une durée fixe, comme de nos jours ; ils suivaient approximativement les phases de la lune et, pour rattraper les différences que cela entraînait avec le cours du soleil qui marque les saisons, on ajoutait des jours aux mois et parfois des mois entiers aux années.) Puis il donna le signal de l'attaque et tous les soldats, entraînés malgré tout par l'oracle d'Aristandre, s'élancèrent sur les navires et retournèrent au combat. Les Tyriens, surpris au milieu de leurs réjouissances, n'avaient fait aucun des préparatifs ordinaires. Alexandre lui-même, debout sur la plus haute tour de siège, menait l'attaque. Quelques bateaux macédoniens forcèrent l'entrée du port et, en même temps, les fantassins escaladaient les murs. Alors les Tyriens, voyant leur défaite, se réfugièrent dans les temples. D'autres se jetèrent dans la mer, ne voulant pas survivre à leur patrie. Alexandre fit un grand massacre. Il y eut plus de six mille Tyriens égorgés. Toutefois l'on épargna ceux qui avaient demandé asile aux dieux, et les soldats de l'armée d'Alexandre, appartenant au contingent fourni par la ville de Sidon, sauvèrent un bon nombre de Tyriens, car la ville de Tyr était, depuis des temps immémoriaux, l'alliée de Sidon.

Tyr une fois conquise, ce ne fut qu'un jeu pour Alexandre d'occuper le reste de la côte. Toutes les villes se livraient à lui. Les populations, d'elles-mêmes, massacraient les garnisons perses et ouvraient les portes. Il arrivait même parfois de singulières aventures : tel général de Darius, ignorant qu'une ville où il se rendait venait d'être occupée par Alexandre, y pénétrait tranquillement et se retrouvait prisonnier avant d'avoir compris de quoi il s'agissait.

Peu à peu, l'empire de Darius s'effritait. Les portes de l'Orient s'ouvraient au roi, les dépouilles affluaient dans le camp macédonien, et Alexandre ne perdait aucune occasion de faire valoir aux siens l'importance de ses conquêtes.

C'est ainsi qu'il avait coutume d'expédier en Macédoine une grande partie du butin ; et un jour il envoya à son précepteur Léonidas une tonne d'encens et un quintal de myrrhe. Car Alexandre n'oubliait rien. Il se souvenait qu'un jour, dans son enfance, alors qu'il offrait un sacrifice aux dieux, il avait puisé l'encens à pleines mains pour le verser dans le feu. Et Léonidas lui avait dit alors :

— Alexandre, attends d'avoir conquis les pays où poussent les parfums pour être aussi prodigue d'encens ; en attendant, économise celui que tu as.

En souvenir de cette leçon, il écrivit à Léonidas : « Je t'envoie assez d'encens et de myrrhe pour que tu n'aies plus de raisons de te montrer économe aux dépens des dieux. » Car Alexandre, tout grand conquérant qu'il fût, était encore assez jeune et assez proche de son enfance pour avoir gardé quelque rancune des remarques et des reproches que lui avaient faits ses maîtres.

XII

LA FONDATION D'ALEXANDRIE

En ce temps-là, depuis un siècle environ, l'Égypte appartenait aux rois de Perse, qui étaient des maîtres détestés. Dès les premières rumeurs des défaites de Darius, les Égyptiens avaient commencé à se soulever, et ils appelaient de tous leurs vœux la venue du conquérant Alexandre.

Après le siège de Tyr et la prise des autres villes du littoral, dont la dernière à tomber fut Gaza — au cours du siège, Alexandre fut blessé deux fois —, Alexandre estima qu'il lui était facile d'ajouter cette province à ses autres conquêtes et il poursuivit sa route vers le Sud. La nouvelle de son arrivée ne tarda pas à se répandre, et une foule énorme se rassembla aux environs de Péluse, sur une branche du Delta, car on pensait qu'il ferait son entrée dans le pays par cette région. Mais lui commença par établir son camp à l'ouest du Delta — non loin de l'actuel Port-Saïd — et de là envoya à Péluse le gros de son infanterie, tandis qu'avec des soldats armés à la légère et seulement quelques troupes d'élite il s'embarqua et se mit à remonter le Nil. Il n'était pas encore parvenu à Memphis — en amont du Caire — que déjà les garnisons perses se rendaient à lui. Au-delà de Memphis,

Alexandre, continuant son chemin, pénétra jusque très avant dans le pays, et partout il organisa l'administration sans rien changer des coutumes ancestrales et laissant les indigènes fort contents de lui [1]. Après quoi, il redescendit vers le Delta et décida de construire en cet endroit une ville qui porterait son nom.

Ce n'était pas seulement par orgueil qu'il forma ce projet. Il avait pu se rendre compte, au cours de son voyage dans le Sud égyptien, que le pays était fermé sur lui-même et immobile dans ses traditions. Séparé de l'Asie par le désert de Gaza, il ne formerait jamais qu'une dépendance lointaine de son empire, si l'on ne trouvait pas le moyen de le relier plus directement au monde grec. Et le seul moyen était de fonder sur la côte une ville commerçante, où les trafiquants de la mer Égée afflueraient. Et l'avenir donna raison à Alexandre, car la ville d'Alexandrie fut, de toutes celles qu'il fonda, de beaucoup la plus prospère et la plus célèbre, au point que son nom définit encore aujourd'hui la forme nouvelle de civilisation et de culture qui prit naissance dans l'Orient méditerranéen après les conquêtes d'Alexandre.

Donc Alexandre méditait de fonder sa ville dans la région du Delta ; et, d'abord, il songea à l'établir sur les bords du lac Maréotis, non loin de la branche la plus occidentale. Déjà, sur l'avis de ses architectes, il avait choisi un endroit et commencé les opérations d'arpentage, lorsqu'une nuit il eut une vision. Il vit un homme d'un âge vénérable, la tête couverte d'une longue chevelure bouclée, et cet homme s'approcha de lui et lui dit :

1. C'est à ce moment-là qu'il consulta le fameux oracle de Zeus Ammon (voir Entracte, p. III).

Dans la mer aux mille vagues s'étend une île sur la côte d'Égypte ; on l'appelle Pharos.

Alexandre reconnut deux vers de *L'Odyssée*, et il comprit que celui qui les récitait était Homère lui-même, venu le trouver pour lui donner un avis. Au matin il se leva et, sans plus attendre, se rendit dans l'île de Pharos qui s'étend, en effet, devant l'une des bouches du Nil. Et de là, il découvrit une région qui présentait des avantages évidents : entre la mer et les lagunes, une bande de terre assez large pour contenir une ville immense et, du côté de la mer, l'amorce d'un port naturel. C'était là, et non ailleurs, qu'il allait fonder la ville. Immédiatement il donna les ordres nécessaires pour que l'on commençât à en dessiner le tracé. Et, comme il n'y avait pas de chaux, on utilisa de la farine d'orge. Mais voici que les oiseaux de la lagune, des vols immenses d'ibis blancs, s'élevèrent et vinrent s'abattre sur les traînées de farine, qu'ils dévorèrent jusqu'à la dernière miette.

Alexandre fut fort inquiet de ce présage. Les dieux ne voulaient-ils pas indiquer ainsi que l'emplacement choisi ne serait pas heureux et que la ville, à peine née, se trouverait détruite ? Il alla consulter les devins, qui ne tardèrent pas à le rassurer. Ils lui dirent que la ville deviendrait, au contraire, une mère nourricière pour une infinité de peuples venus du monde entier et non seulement d'Égypte, et que les bateaux entreraient dans son port, à pleines voiles, comme autant d'oiseaux blancs.

Et, pour une fois, les devins ne se trompèrent pas. Et, quelques années plus tard, c'est dans Alexandrie, la mieux aimée de ses capitales, que le roi devait venir reposer pour toujours.

XIII

LA BATAILLE D'ARBÈLES

Au bout de quelques mois, Alexandre quitta l'Égypte et retourna en Syrie. Là, il s'occupa de mettre un peu d'ordre dans ses conquêtes. Il installa des gouverneurs dans les villes prises, régla plusieurs affaires, rendant la justice, écoutant les plaintes de ses sujets contre les généraux ou les garnisons et, contrairement à l'habitude, il ne donnait pas toujours raison à ses lieutenants contre les indigènes. Ce qui lui valut une grande réputation de justice.

Darius, cependant, s'était retiré derrière l'Euphrate; et lorsqu'il sut qu'Alexandre était de retour, il lui envoya une lettre, lui offrant de lui céder tous les territoires situés à l'ouest de l'Euphrate, s'il consentait à faire la paix et à devenir son ami. Alexandre donna connaissance de cette lettre à ses amis et à ses conseillers. L'un d'eux, Parménion, émit l'avis qu'il convenait d'accepter cette offre.

— Si j'étais Alexandre, dit Parménion, je ferais ce que demande Darius.

— Et moi aussi, répondit Alexandre, je le ferais si j'étais Parménion.

Et il écrivit à Darius : « Viens à moi, et je te traiterai avec les plus grands égards ; sinon je me mettrai immédiatement en campagne contre toi. »

Sur ces entrefaites la femme de Darius, qui était sa prisonnière, mourut. Et Alexandre en eut un grand chagrin, car cette mort le mettait désormais hors d'état de prouver ses bonnes intentions à l'égard de Darius en lui rendant sa femme. Il la fit ensevelir avec tous les honneurs accoutumés en Perse. Darius, lorsqu'il apprit ce qui était arrivé et sut les bons procédés du roi à l'égard de la captive, rassembla ses conseillers et leur dit :

— Je demande aux dieux de notre nation de nous aider à rétablir notre pays dans son empire, en l'état dans lequel je l'ai trouvé lorsque je suis arrivé sur le trône. Et je le désire surtout afin d'être à même de rendre à Alexandre les bienfaits qu'il n'a pas ménagés aux miens ni à moi-même. Mais, si le Destin qui mène le monde veut que la domination échappe aux Perses, je leur demande de faire en sorte qu'elle ne tombe aux mains d'aucun autre qu'Alexandre, le seul qui en soit vraiment digne.

Mais ces manifestations de leur estime réciproque n'empêchaient pas les deux rois de préparer la guerre l'un contre l'autre de toutes leurs forces et avec tous les moyens en leur pouvoir. Et tout le monde comprit que les conquêtes réalisées jusque-là et toutes les batailles gagnées n'étaient que jeu d'enfant à côté de la lutte qui allait désormais commencer. Aussi chacun essayait-il de se rassurer en découvrant des présages.

Or il arriva que, certain jour, alors qu'Alexandre quittant la Syrie se dirigeait vers le centre de l'empire perse, l'on vint lui raconter, pour le distraire, que les valets d'armée et toute la foule des gens qui suivaient les équipages avaient imaginé, pour se divertir, de se diviser en deux camps et de simuler une bataille. Chacun des deux partis avait nommé un général ; à l'un ils avaient donné le nom d'Alexandre, à l'autre celui de Darius. Puis ils avaient commencé à se bombarder les uns les autres avec des mottes de terre ; après quoi, ils avaient échangé force coups de poing ; et l'affaire s'échauffant, avaient eu recours à des bâtons et à des pierres. L'affaire était en train et, apparemment, l'on aurait beaucoup de mal à les calmer. Alexandre, lorsqu'il apprit la chose, se rendit sur le champ de bataille et fit appeler les deux généraux pour rire. À l'un il donna sa propre armure, à l'autre, celui qui avait été appelé Darius, il fit donner celle de l'un de ses compagnons. Puis il leur dit de se battre l'un contre l'autre. Toute l'armée se rangea autour des deux champions, car tout le monde avait compris l'intention du roi qui désirait, en quelque sorte, éprouver par avance les intentions des dieux. La bataille dura longtemps, chacun s'efforçant de remporter la victoire. Finalement, le faux Alexandre contraignit le faux Darius à s'avouer vaincu. Alexandre fut si content du présage qu'il accorda de grandes récompenses à celui qui avait défendu ses couleurs : il lui assigna les revenus de douze villages, lui reconnut le droit de porter le costume perse. Et il faisait beau voir l'ancien valet se pavaner en longue robe brodée et aller dans ses domaines percevoir les redevances de ses gens !

Pendant ce temps, l'armée que rassemblait Darius achevait ses préparatifs. Les contingents, une fois encore, affluèrent à Babylone. Il y avait les hommes des peuples les plus lointains : les Bactres, les Scythes, des Indiens même. Le nombre total dépassa de moitié celui de la première armée, celle qui avait été écrasée par Alexandre dans les passes de Cilicie. Malheureusement, tous n'avaient pas d'armes. Beaucoup d'hommes n'étaient là qu'à titre de figurants. Darius, qui avait pu mesurer dans la bataille précédente l'importance du rôle joué par la cavalerie, s'efforça d'augmenter la sienne. Il accrut surtout le nombre des cavaliers cuirassés. Il fit aussi préparer deux cents chars armés de faux, car il comptait beaucoup sur leur aspect terrifiant pour jeter la panique parmi les Macédoniens. Ces chars étaient hérissés partout de pointes de fer acérées ; il y en avait qui précédaient le timon, menaçant de tout transpercer sur leur passage ; de part et d'autre du joug pointaient trois épées ; des javelots hérissaient les roues, passant entre les rayons ; les jantes étaient doublées de faucilles qui, lorsque le char roulait, traçaient comme un cercle de mort.

Lorsque tout fut prêt, Darius se mit en marche, à travers les vastes plaines de la Mésopotamie. Il s'avança jusqu'à un village nommé Arbèles. Il ne voulait pas recommencer son erreur précédente ; aussi choisit-il, pour s'y installer, une immense plaine où toute sa cavalerie pourrait se déployer. Il alla même jusqu'à faire niveler le terrain, enlever les buissons et les racines, comme s'il se fût agi de préparer une carrière pour la parade.

Alexandre mit onze jours à parvenir à l'endroit où campait Darius. Il avançait à travers un pays que Darius faisait dévaster à mesure par des troupes légères. Devant lui, la fumée des incendies était si dense qu'elle faisait comme un brouillard. Finalement il arriva au Tigre et le franchit, non sans mal, car le gué était extrêmement profond et le courant fort rapide. Les soldats perdirent presque tout leur bagage, mais Alexandre leur répéta que le plus important était de sauver leurs armes. Pour le reste, il le leur remplacerait bientôt. Heureusement pour le roi, il n'y avait aucun ennemi dans le voisinage pendant la traversée du Tigre, sans cela, il n'aurait eu aucune difficulté à faire un grand massacre des Macédoniens, aux prises avec le fleuve.

Le fleuve était à peine traversé qu'une nouvelle terreur envahit l'armée. Pendant la nuit, comme la lune venait de se lever, soudain elle s'obscurcit ; il y avait une éclipse. D'abord, son disque perdit tout éclat, puis il devint rouge, couleur de sang, et demeura longtemps ainsi, figé dans le ciel. À la veille d'une bataille décisive, ce prodige parut sinistre aux soldats, qui crurent leur dernière heure arrivée. Ils se plaignaient de l'audace insensée de leur chef, qui les entraînait au-delà des limites du monde, en un pays où les astres eux-mêmes n'avaient plus leur éclat accoutumé, où les fleuves étaient plus violents et plus larges qu'en aucun autre lieu sur la terre. Si Alexandre voulait aller au ciel rejoindre les dieux, qu'il fît le reste du chemin tout seul !

La chose dégénérait presque en sédition. Alexandre, alors, convoque en assemblée tous les chefs de l'armée et fait venir les devins. Il avait avec lui, outre ses devins ordinaires, des prêtres égyptiens qui passaient pour particulièrement versés en astronomie. C'est à eux qu'il demanda leur avis. Les Égyptiens, qui connaissaient de longue date la vraie nature des éclipses et savaient parfaitement que c'est là un phénomène naturel, se gardèrent pourtant d'en rien dire. Ils n'avaient devant eux que des soldats ignorants, avides de surnaturel, il ne fallait pas les désappointer ; une explication trop simple n'est pas la plus séduisante pour des esprits incultes. Ils imaginèrent donc de raconter que le Soleil et la Lune étaient en lutte, que le premier représentait les Macédoniens et le second les Perses. À l'appui de leurs dires, ils rappelèrent le secours apporté par Apollon (que certains identifient au Soleil) lors de la prise de Tyr. Et chacun approuva de la tête à cet argument que tout le monde pouvait comprendre. Aussi, continuèrent les Égyptiens, chaque fois qu'il arrive malheur à la Lune, cela est d'un mauvais présage pour les Perses. Et comme ils n'étaient jamais à court d'imagination, ils donnèrent, avec un grand luxe de détails, toute une série d'exemples montrant que les Perses, après une éclipse de lune, avaient été vaincus. Les officiers présents au conseil furent aisément convaincus. Après quoi ils allèrent trouver leurs hommes et leur rapportèrent, aussi bien qu'ils le purent, la réponse des devins. Ils ne pouvaient pas tous, sans doute, retrouver la liste complète des précédents historiques et beaucoup firent maintes confusions, mais l'essentiel était compris et les soldats les crurent. Par un mouvement naturel, plus ils avaient été effrayés, plus ils furent ardents à poursuivre la guerre, et Alexandre eut toutes les peines du monde à les empêcher de lever le camp sans délai.

Le lendemain, de très bonne heure, la marche commença. Alexandre suivait, d'un côté le Tigre qu'il avait à sa droite, et de l'autre une chaîne de montagnes. À l'aube, des éclaireurs vinrent lui annoncer que Darius approchait. Déjà l'on prenait les formations de combat lorsque l'on s'aperçut qu'il s'agissait seulement d'un millier de traînards perses, isolés du gros de l'armée, et qui battaient la campagne. Alexandre se mit à leur poursuite avec quelques cavaliers ; il en fit quelques-uns prisonniers, tua le reste, et s'aperçut que c'étaient ces hommes qui, en fuyant, allumaient les incendies. Il dépêcha de tous côtés des cavaliers pour éteindre ceux-ci et, de la sorte, parvint à sauver de grandes quantités de blé, qui vinrent fort à point, car le ravitaillement n'était pas des plus faciles, dans ce pays dévasté. Et les Macédoniens, encouragés par ce résultat, marchèrent de plus en plus vite, contraignant les arrière-gardes ennemies à se retirer, elles aussi, de plus en plus vite, ce qui ne leur laissait plus guère le temps de mettre le pays à sac.

Lorsque Alexandre sut, par ses éclaireurs, qu'il n'était plus guère qu'à une étape de Darius, il divisa son infanterie en deux ailes, chacune étant encadrée à droite et à gauche par la cavalerie. Devant lui, les troupes légères de Darius, qui avaient pour mission d'observer sa marche sans attaquer, se retiraient de colline en colline.

Cependant, Darius prenait les dernières dispositions et rangeait ses troupes en bataille. À l'aile gauche, il avait mis quatre mille cavaliers, suivis de cent chars armés de faux, derrière lesquels s'avançaient encore d'autres cavaliers, au nombre de dix mille. Derrière, venaient des Perses, puis cinquante chars armés, et encore d'autres contingents, venus des pays lointains. L'aile droite était composée de manière analogue, avec des Syriens, des Arméniens et des Mèdes. En tout, l'armée de Darius comptait quarante-cinq mille cavaliers et deux cent mille hommes d'infanterie. Darius avança de deux kilomètres environ dans cette formation, à la rencontre d'Alexandre. Puis il donna le signal de s'arrêter, et les soldats attendirent, l'arme au pied.

Du côté d'Alexandre, plus approchait le moment décisif et plus les soldats perdaient de leur confiance. Le jour était très chaud ; la plaine, écrasée de chaleur, scintillait à perte de vue, et l'on avait l'impression, de place en place, qu'elle était embrasée de feux. Les Macédoniens s'imaginaient que ces feux provenaient du camp ennemi, et redoutaient de s'être engagés à la légère parmi les avant-postes. La panique commençait à s'emparer d'eux. Alexandre, qui s'en aperçut, donna le signal de faire halte. Il alla de groupe en groupe, expliquant que ce qu'ils voyaient n'était qu'un mirage produit par la chaleur. L'ennemi, leur dit-il, était encore bien loin de là et ils ne couraient aucun risque d'être encerclés. À sa parole, les soldats se rassurèrent, reprirent leur courage et leurs armes. Mais comme le soir était proche, le mieux parut au roi de camper où l'on était.

Le lendemain matin, les cavaliers ennemis abandonnèrent une colline, la dernière qui séparât encore les deux armées, et les Macédoniens l'occupèrent. De là, ils purent voir les troupes de Darius qui s'étendaient à l'infini dans la plaine. Mais un brouillard qui s'éleva des bas-fonds, avec l'aube, masquait le détail de leur formation. Des masses d'hommes qui submergeaient la campagne montait seulement une rumeur immense qui parvenait, à peine audible, jusqu'à eux.

À ce spectacle, Alexandre hésitait. Il se demandait s'il ne valait pas mieux accepter, finalement, les offres de paix que lui avait faites Darius. En cas d'échec, toute retraite était impossible à travers un pays totalement dépourvu de ressources ; et ce qu'il voyait des forces perses lui causait une grande inquiétude. Soudain, le soleil dissipa le brouillard et toute la ligne ennemie apparut brusquement. Les hésitations d'Alexandre cessèrent, car ses hommes venaient de pousser, spontanément, un immense cri de guerre, comme si c'était déjà le moment de la bataille. À ce cri répondit un cri pareil des Perses, qui fit retentir les forêts et les collines. Il était désormais impossible à Alexandre d'empêcher ses hommes d'attaquer. Pourtant il fit donner l'ordre de demeurer sur les hauteurs et de construire un retranchement à mi-pente, pour éviter les surprises. Lorsque ce travail fut achevé, le roi se retira dans sa tente et là, assis, demeura longtemps à contempler l'armée perse qui se découvrait à ses yeux.

Spectacle effrayant, que ces masses d'hommes rangées en ordre, avec leurs armes étincelantes : çà et là, des officiers à cheval parcouraient les rangs pour veiller aux ultimes préparatifs. Lorsqu'il eut bien tout examiné, il convoqua une fois de plus ses conseillers et leur demanda quelle conduite tenir. Le plus habile d'entre ses généraux, Parménion, suggéra qu'il fallait à tout prix éviter une bataille régulière. Il était d'avis d'attendre la nuit pour attaquer ; dans cette masse de mœurs et de langues différentes, l'effet de surprise pouvait être décisif. Et, surtout, l'on éviterait ainsi l'effroi que ne pourraient manquer d'éprouver les Macédoniens en apercevant, pour la première fois, l'apparence sauvage des Bactres, avec leur visage hirsute, leur chevelure emmêlée. Il en allait de même pour les Scythes, avec leurs vêtements de peaux de bêtes. Souvent les soldats s'effrayaient d'une vaine apparence. Pendant la nuit, rien de tout cela ne se produirait.

Presque tous les conseillers présents furent de l'avis de Parménion. Certains ajoutaient que Darius, cette fois, se trouvait en plaine, et que les conditions n'étaient plus les mêmes qu'en Cilicie, que rien ne pourrait empêcher les Perses d'encercler de leur foule l'armée grecque. Aussi valait-il mieux ne pas lui laisser le temps de se déployer.

Alexandre, alors, se mit en colère. Il déclara qu'on lui conseillait une conduite de brigand et de voleur, d'attendre que les gens dorment pour les attaquer. Il continua en affirmant qu'il en avait assez de remporter des victoires grâce aux circonstances, ou bien en l'absence de Darius, ou bien parce que l'adversaire ne pouvait déployer ses forces. Cette fois, l'on se mesurerait au grand jour. D'ailleurs, continua-t-il, il savait de bonne source que les Barbares avaient pris leurs précautions. Aucun effet de surprise n'était à espérer dans ces conditions, et l'obscurité ne serait pas moins gênante pour les assaillants que pour ceux qui se défendraient. « Donc, conclut-il, préparez-vous au combat. Nous attaquerons demain, avec le jour. » Et il envoya tout le monde se reposer.

Et, de fait, Darius avait bien pensé qu'Alexandre aurait l'idée de l'attaquer pendant la nuit et il avait mesuré le danger. C'est pourquoi il avait donné l'ordre de tenir les chevaux harnachés, de laisser la plupart des hommes sous les armes et de veiller avec la plus grande attention. Il avait aussi fait allumer de grands feux, dont la lueur dansante illuminait toute la plaine. Lui-même demeura longtemps en prières, demandant à son dieu, le Soleil, de lui accorder la victoire.

Chez les Macédoniens, l'on ne dormit guère non plus. Alexandre, lui aussi, voulut se concilier les dieux. Il fit appeler son devin Aristandre, celui-là même qui avait annoncé de façon aussi inattendue la chute de Tyr. Aristandre, vêtu de blanc, tenant un rameau d'oliver à la main, offrit un sacrifice à la déesse Athéna, reine des Victoires. Et lorsque le sacrifice fut accompli, le roi, qui sentait le besoin de se reposer, rentra sous sa tente. Il s'étendit sur son lit mais longtemps il demeura sans pouvoir trouver le sommeil, tant son incertitude était grande. Il se demandait quel plan adopter : valait-il mieux lancer d'abord en avant l'aile gauche du haut de la montagne contre l'aile droite des Perses, ou bien attaquer à la fois sur tout le front ? Mais aucune solution ne semblait s'imposer avec évidence ; et, à la fin, il sombra dans un lourd sommeil sans avoir rien décidé.

Déjà le jour était levé ; les généraux étaient tous assemblés devant la tente du roi ; ils étaient venus pour prendre ses ordres ; mais le silence régnait chez Alexandre ; rien ne bougeait, et les généraux ne savaient que faire. Ils étaient d'autant plus étonnés que d'ordinaire, au matin des batailles, Alexandre était le premier levé et réprimandait les retardataires.

Aussi croyaient-ils non pas qu'il fût endormi, mais que la peur le retenait et l'empêchait de sortir. Aucun des gardes du corps qui entouraient la tente n'osait y pénétrer. Le temps pressait. Les soldats étaient depuis longtemps en armes et commençaient à murmurer. Mais, sans les ordres du roi, il était impossible de savoir quel dispositif adopter.

Enfin Parménion, après avoir longtemps hésité, prit sur lui d'ordonner que les soldats déjeunent. Puis, cela fait, il entra dans la tente. Il vit Alexandre endormi sur son lit ; il l'appela une fois, deux fois, sans parvenir à l'éveiller. À la fin, il s'approcha de lui et le toucha, disant :

— C'est le plein jour ; l'ennemi approche ; tes hommes ne sont pas prêts ; ils n'ont aucun ordre. Que fais-tu ? N'est-ce pas toi, d'ordinaire, qui nous éveilles ?

À quoi Alexandre répondit :

— Crois-tu que j'aurais pu dormir si je n'avais pris ma décision ? Sois tranquille, je n'ai aucune crainte.

Puis il sortit et fit donner par la trompette le signal du combat. Et comme Parménion s'étonnait de lui entendre dire qu'il avait pris sa décision, et le pressait de lui exposer son plan de bataille, Alexandre se contenta de lui dire :

— Rejoignez vos troupes, chacun avec son unité ; vous saurez bientôt ce que je compte faire.

Et tandis que les généraux se dispersaient, lui-même revêtit une cuirasse — précaution qu'il ne prenait que fort rarement — et se dirigea vers ses hommes. Il avait le visage calme, reposé et comme joyeux. Ce qui emplit les soldats d'un grand courage, car ils y lurent un présage de victoire.

L'ordre adopté par le roi fut fort inhabituel. Comprenant que le grand danger était l'encerclement, il forma ses troupes en cercle afin de présenter partout un front à l'ennemi. Mais les troupes placées en arrière étaient formées d'infanterie légère très mobile, susceptible de se déplacer rapidement et de faire front, si besoin était, dans toutes les directions. Apparemment, les incertitudes de la veille étaient bien finies et, dans son sommeil, Alexandre avait trouvé l'inspiration longtemps cherchée. Il prescrivit aussi que, devant les chars armés de faux, l'on eût simplement à ouvrir les rangs. En les laissant passer, l'on était sûr qu'ils traverseraient les lignes sans causer aucun mal. Ils ne deviendraient dangereux que si l'on cherchait à les arrêter. Enfin, il avait laissé plusieurs corps en réserve, pour les engager aux endroits où le besoin s'en ferait sentir. Quant aux enfants et à la mère de Darius, il les installa sur une colline, à quelque distance du front, et ne laissa qu'un faible contingent pour les garder. Parménion reçut le commandement de l'aile gauche. Lui-même prit celui de l'aile droite.

Au moment où les deux armées marchaient l'une vers l'autre, un déserteur de l'armée perse courut à toute vitesse vers Alexandre et lui révéla que Darius avait fait enfoncer dans le sol des pointes de fer acérées, aux endroits où il pensait que devaient charger les cavaliers macédoniens. Et il lui indiqua de façon très précise où se trouvait le piège. Alexandre fit garder le transfuge et, en toute hâte, au cas où le renseignement s'avérerait exact, réunit ses généraux. Il leur exposa la révélation du traître et les engagea à éviter la zone en question. Puis il donna l'ordre d'obliquer vers l'aile gauche perse, que commandait Darius, ce qui avait en outre l'avantage de l'éloigner de la région dangereuse.

Darius, voyant cette manœuvre, tourna ses troupes dans la même direction et ordonna de faire charger les chars armés. Il le fit à l'improviste, et les chars se précipitèrent avec une telle vitesse que les Macédoniens n'eurent pas le temps de reculer ; les chars firent un grand ravage dans leurs rangs et, surtout, la cohésion de l'infanterie s'en trouva un moment ébranlée. Dans le même moment, mille cavaliers perses s'élancèrent vers les bagages des Macédoniens dans l'intention de les piller et, plus encore, d'attirer vers cet endroit une partie de l'ennemi. Parménion avait vu le mouvement ; il envoya prévenir Alexandre ; mais le roi lui fit seulement dire qu'en cas de victoire ils retrouveraient leurs bagages, et ceux de l'ennemi par-dessus le marché ; en cas de défaite, ils n'en auraient plus besoin. Inutile, donc, pour les défendre, de retirer le moindre contingent du front de bataille.

Cependant, les chars de Darius, après avoir percé les premières lignes, étaient parvenus au contact de la phalange. Là, ils s'étaient heurtés aux longues lances des Macédoniens, qui les tenaient à distance et transperçaient les chevaux. Puis les soldats se mirent à cerner les chars et, avec le fer de leurs lances, à en faire tomber les conducteurs. Bientôt, ce ne fut qu'un immense carnage : chevaux gisant à terre, chars disloqués, cadavres entassés pêle-mêle. De tous côtés des escadrons de cavalerie chargeaient. L'aile droite des Perses, qui était la plus faible, fut la première à plier, mais les cavaliers de l'aile gauche se rabattirent dans cette direction et, un moment, Alexandre se trouva encerclé. Chaque fois que ses hommes étaient sur le point de faiblir, il ordonnait d'attaquer. Il était partout, entouré d'une petite escorte de soldats d'élite, et son armure étincelante le désignait aux coups de son adversaire.

Mais les dieux donnèrent un signe évident de la protection qu'ils lui accordaient. L'on vit un aigle planer au-dessus de sa tête, sans se laisser effrayer par le fracas du combat et les cris des mourants. Aux côtés d'Alexandre, le devin Aristandre, revêtu d'un long manteau blanc, tenait dans sa main une branche de laurier, avec laquelle il désignait aux soldats l'oiseau de la victoire. Cette vue inspira aux soldats d'Alexandre une nouvelle ardeur. À un moment, l'on vit tomber un homme sur le char que montait le roi Darius. Ce n'était que le conducteur, mais chacun crut que c'était le roi, et les Macédoniens se mirent à pousser des cris d'allégresse. Les soldats perses commencèrent à tourner le dos. Darius, un moment, se demanda s'il n'allait pas se tuer pour éviter la honte d'une nouvelle défaite. Mais finalement, comme il voyait tous les siens en déroute, il fit faire demi-tour à son char et s'enfuit. Alexandre s'élança avec des cavaliers. Mais un nuage de poussière s'éleva, si dense, qu'il était impossible de voir à quelques pas. Les poursuivants erraient comme en pleine nuit, et devaient s'appeler mutuellement pour ne pas se perdre. Devant eux, ils entendaient le claquement des rênes et celui du fouet, et le bruit que faisaient les sabots des chevaux du char qui s'enfuyait. Puis ce bruit même s'éloigna et, lorsque la poussière se dissipa, Darius avait disparu.

Cette fuite de Darius ne tarda pas être connue à l'aile droite des Macédoniens, où les Perses avaient l'avantage. Une dernière charge des cavaliers thraces acheva de dégager cette partie du champ de bataille. Mazée, le lieutenant de Darius qui commandait cette partie de l'armée, recula, en bon ordre il est vrai, mais assez vite pour que sa retraite eût tout de même l'air d'une fuite. Et comme Parménion hésitait à le poursuivre, il put, sans obstacle, en faisant un détour, repasser le Tigre et rentrer à Babylone avec ses troupes.

Lorsque le soir tomba, Darius était en fuite, suivi par des milliers de soldats en désordre. Alexandre avait dû interrompre la poursuite, dans l'ignorance où il était du sort de l'aile droite. Les Perses avaient perdu environ quanrante mille hommes. Les Macédoniens ne comptaient que trois cents morts.

XIV

ALEXANDRE À BABYLONE

Darius, dans sa fuite après la bataille, avait atteint le village d'Arbèles, où le rejoignirent un grand nombre de seigneurs perses. Il les réunit et leur déclara que, selon son habitude, Alexandre allait occuper les régions les plus riches du royaume et qu'il se dirigerait vraisemblablement vers Babylone. Quant à lui, il gagnerait sans tarder les régions les plus lointaines de l'Empire, qui n'avaient pas encore été touchées par la guerre, et où il pourrait rassembler de nouvelles troupes pour reprendre la lutte. Il rappela que les Perses avaient conquis l'Asie en un temps où ils étaient pauvres et où ils étaient descendus de leurs montagnes, comme des animaux de proie. Mais les richesses leur avaient fait perdre leurs antiques qualités. C'était maintenant au tour des Macédoniens de s'amollir dans les délices : vaisselle d'or, mobilier précieux, palais, serviteurs innombrables, voilà ce qui avait perdu les Perses aujourd'hui et ce qui, bientôt, perdrait les compagnons d'Alexandre.

Les Perses durent se consoler, avec ces belles paroles, d'avoir tout perdu ; et bon gré mal gré, accompagnèrent Darius dans sa retraite vers l'Est. Et pendant ce temps, Alexandre se mettait en marche vers Babylone.

Le pays qu'il traversait était rempli de merveilles. Il parvint, par exemple, un jour, dans la ville de Mennis, où se trouvait une source singulière. Elle ne donnait pas de l'eau comme les sources ordinaires, mais un liquide que les gens du pays appelaient « naphte », et qui s'enflammait aussitôt que l'on en approchait une flamme. Pour étonner Alexandre, les habitants arrosèrent de ce « naphte » les bords du chemin qu'il devait suivre et, lorsque vint la nuit, ils y mirent le feu. En un instant, l'on vit comme deux murailles de flammes s'élever de part et d'autre de la route, jusqu'à la tente du roi.

Les gens d'Alexandre furent si étonnés par cette substance singulière qu'ils commirent des imprudences. L'un d'eux, un jeune chanteur que le roi aimait beaucoup, s'enduisit de naphte en présence d'Alexandre et, immédiatement, il prit feu. Par bonheur pour lui, des serviteurs qui se trouvaient là purent l'envelopper dans des couvertures et lui sauvèrent la vie ; mais le malheureux fut cruellement brûlé et demeura couvert de profondes cicatrices. Et chacun, dans l'armée, commenta l'événement. Les uns disaient que ce naphte était, assurément, la drogue dont se servait la célèbre sorcière Médée [1] pour imprégner les vêtements qu'elle envoyait à ses ennemis et qui ne tardaient pas à les consumer d'un feu qu'il était impossible d'éteindre. Et tous avaient peur d'un pays où les sources mêmes faisaient jaillir des flammes.

Enfin l'on parvint en vue de Babylone. Les troupes de Darius qui avaient cherché refuge dans la ville renoncèrent à la défendre. Les soldats étaient sortis, sans armes, et avaient jonché la route de fleurs et

1. Voir in *Contes et légendes mythologiques*, parus dans la même collection.

de guirlandes. Des deux côtés du chemin, ils avaient disposé, de distance en distance, des autels d'argent sur lesquels fumait l'encens. Le gouverneur vint en personne faire hommage de la ville au nouveau roi. Il apportait avec lui mille présents, des troupeaux de bétail pour nourrir l'armée, et aussi des chevaux. Puis venaient des cages où étaient enfermés des lions et des panthères. Derrière ces offrandes, c'était le cortège des prêtres, chantant des hymnes, d'autres prêtres encore et, en délégations, tous les artisans de la ville, suivis du menu peuple. Des cavaliers, enfin, fermaient la marche, harnachés de manière somptueuse.

Alexandre accueillit les hommages de toute cette foule et lui dit de suivre son armée. Puis tout le monde retourna en ville. Le soir même, Alexandre prit possession du palais de Darius. Et tout le peuple le considérait comme son roi.

Les soldats grecs et macédoniens regardaient avec admiration cette célèbre Babylone qui passait pour l'une des merveilles du monde. Ses murailles et ses édifices étaient différents de tout ce qu'ils connaissaient jusque-là. Comme le pays ne possède guère de pierres, mais est très riche en argile, la ville entière était construite en briques, les unes cuites, les autres simplement séchées au soleil. Les remparts étaient en briques cuites ; à son sommet, leur largeur atteignait près de dix mètres, et deux chars pouvaient commodément s'y croiser. Leur hauteur était, à certains endroits, de vingt-cinq mètres, et leur longueur totale de soixante-cinq kilomètres. Une telle superficie n'était pas entièrement occupée par des maisons. Certains quartiers n'étaient que des jardins, et, même, il y avait des champs, que l'on ensemençait, et dont la récolte servait, en cas de siège, à nourrir les habitants. L'eau était fournie en abondance par l'Euphrate, qui traversait la ville entre des quais imposants. Et, le long des quais, étaient creusés plusieurs grands réservoirs destinés à recueillir l'eau du fleuve, en cas de crue, et à l'empêcher de se répandre à travers la ville, dont elle eût ravagé les maisons construites en briques crues.

La ville comprend aussi une citadelle, appuyée sur des tours et surmontée par les célèbres jardins suspendus, que l'on disait avoir été construits pour la reine Sémiramis. Là, on avait remplacé les briques par de la pierre, pour supporter le poids de la végétation et celui de la terre. Et dans ces jardins poussaient des arbres énormes, qui donnaient une ombre épaisse. Des machines volumineuses, mues par des esclaves, montaient l'eau de terrasse en terrasse, et entretenaient l'humidité nécessaire.

Toutes ces merveilles charmaient les soldats d'Alexandre, qui n'étaient pas moins sensibles à tous les plaisirs que leur offrait la ville. Après les longues marches, ils s'adonnaient avec passion aux banquets, et la cuisine de Babylone leur paraissait excellente, à côté des repas hâtifs qu'ils avaient l'habitude de préparer eux-mêmes et de prendre lorsqu'ils le pouvaient. Après les banquets venaient les longues beuveries ; les vins de Syrie ne manquaient pas, ni ceux venus de Perse ; il y avait aussi en abondance toutes sortes de parfums et il n'était pas rare, dans la nuit, de voir quelque vaillant soldat de la phalange rentrer en titubant, une couronne de fleurs de travers sur la tête, le long des rues, jusque dans la maison de l'hôte où il était logé.

Alexandre comprit le danger qu'il y avait à laisser ses hommes s'amollir trop longtemps parmi toutes ces délices. Mais il ne voulait pas non plus les priver de leur récompense, après tant de périls et d'efforts. Il attendit un mois et, lorsque le mois se fut écoulé de la sorte, il décida de se remettre en campagne.

XV

COMBATS DANS LA MONTAGNE

En quittant Babylone, Alexandre n'avait qu'une pensée : forcer Darius dans ses derniers retranchements ; et, puisque le roi s'était réfugié dans les montagnes inaccessibles de la Perse, aller le chercher là-bas, dans ce qui avait été la première patrie de ses ancêtres. Il se dirigea donc vers le Nord-Est, et bientôt parvint à Suse, que lui remit sans combat le gouverneur de la ville. Peut-être celui-ci ne faisait-il que suivre en cela les ordres de Darius, qui ne voulait pas mettre inutilement en péril la vie de ses sujets, ni gaspiller des forces sur lesquelles il comptait pour un ultime combat.

À Suse, Alexandre recueillit encore un immense butin, notamment des lingots d'argent brut entassés dans les caves du palais. Il trouva aussi douze éléphants, venus de l'Inde, que Darius avait autrefois fait venir pour renforcer son armée, mais qu'il avait abandonnés parce que, dans les montagnes où il se retirait, ces animaux ne lui auraient été d'aucun secours et qu'il n'avait plus la possibilité de les nourrir et de les soigner comme il l'aurait fálllu. C'est à Suse également qu'il laissa la mère et les enfants de Darius, qui le suivaient toujours depuis leur capture.

Lorsqu'il les eut installés dans le palais royal — car il ne voulait pas les entraîner dans les montagnes de la Perse où, il le savait bien, les attendaient mille difficultés et où la vie de l'armée devait se faire plus rude — il offrit à la mère de Darius des tissus et des couvertures de pourpre, qu'il venait précisément de recevoir de Macédoine, et que lui avait envoyés Olympias. Ces tapis lui avaient été apportés par des servantes, celles mêmes qui les avaient tissés. Il fit également présent à la vieille reine de ces ouvrières, ajoutant qu'elles pourraient montrer à ses petites-filles l'art d'en fabriquer de semblables. Mais, à ces mots, la vieille reine se mit à pleurer car, Alexandre l'ignorait, ce genre de travail est considéré en Perse comme indigne d'une femme libre. Et bien que la reine ne lui ait pas dit la raison de ses larmes, des Perses, qui se trouvaient avec elle, instruisirent Alexandre de sa faute. Et le roi, avec bonté, s'excusa en alléguant les coutumes de son pays ; il lui expliqua que les vêtements qu'il portait lui-même avaient été faits par ses propres sœurs. Et la vieille reine, toute rassérénée, comprit qu'Alexandre, loin d'avoir voulu l'offenser, l'avait traitée comme si elle avait été sa mère.

Après avoir quitté la ville de Suse, Alexandre et son armée parvinrent aux confins de la Perse. À ce moment, il divisa ses forces en deux parties. L'une, qu'il confia à Parménion, devait emprunter la route de la plaine ; l'autre, qu'il conserva, passerait par la montagne.

Lorsqu'il arriva devant des gorges que l'on appelle les « Portes de Suse », et qu'il fallait franchir pour continuer la marche vers Persépolis, Alexandre se trouva en présence d'une armée commandée par un général de Darius, nommé Ariobarzanès. Cette armée ne comprenait que vingt-cinq mille fantassins, mais elle tenait les hauteurs. Les Perses, accrochés aux montagnes, étaient hors de la portée des traits ; mais, quand ils virent les soldats d'Alexandre engagés dans le défilé, ils commencèrent à faire dévaler sur eux d'énormes quartiers de roche, qui tombaient avec une grande violence, entraînaient dans leur chute d'autres pierres plus petites et écrasaient non seulement des hommes mais des bataillons entiers. En même temps, leurs frondeurs et leurs archers se mirent à tirer, causant beaucoup de mal aux Macédoniens.

Les hommes d'Alexandre étaient pris au piège. Mais plus encore que le danger, ce qui les mettait hors d'eux était de ne rien pouvoir contre un ennemi inaccessible. Dans leur rage, ils prenaient les rochers à pleins bras et essayaient de se hisser le long de la paroi. Ils se faisaient la courte échelle, montaient sur les épaules des uns et des autres et faisaient tous leurs efforts pour atteindre les Perses. Mais les rochers auxquels ils s'agrippaient se détachaient de la falaise et roulaient avec eux. Et les projectiles continuaient de pleuvoir, inexorablement.

Alexandre comprit qu'il avait commis une lourde faute en négligeant de se faire protéger par des éclaireurs. La longue suite de ses succès l'avait aveuglé, en lui donnant trop confiance en sa fortune. Et, maintenant, son armée risquait d'être détruite dans ce défilé ! Il ne restait qu'une solution : revenir en arrière. C'est ce qu'il fit, avec des larmes de dépit. Il ordonna à ses hommes de se couvrir, comme ils le pouvaient, avec leurs boucliers, en les élevant au-dessus de leurs têtes, et de faire demi-tour. Une fois dans la plaine, l'on se mit en devoir de camper en attendant les ordres.

Alexandre ne savait que faire. Il ne pouvait demeurer bien longtemps à piétiner devant ce défilé ; il voulait opérer au plus tôt sa jonction avec les troupes de Parménion, mais les forces d'Ariobarzanès lui opposaient un obstacle insurmontable. Il songea d'abord à interroger les dieux, et fit venir son devin favori, Aristandre. Mais que demander aux dieux ? Comment, surtout, avouer publiquement aux soldats que leur général était pris de court et n'avait plus aucun plan ?

Changeant d'avis, il renvoya Aristandre et convoqua tous les prisonniers que l'on avait faits en grand nombre les jours précédents. Puis il leur fit demander, par des interprètes, s'il n'y avait pas un autre chemin que les Portes de Suse pour pénétrer en Perse. Les prisonniers lui dirent qu'il en existait un autre, plus facile, et qui passait par la plaine. Pour cela, il fallait retourner sur ses pas et renoncer à franchir le défilé.

Alexandre fut un instant séduit par ce projet mais, à la réflexion, il le rejeta. Renoncer à franchir le défilé, c'était abandonner sans sépulture les morts de la veille. Or, la coutume voulait que l'on ensevelît tous les morts, et qu'on leur accordât les honneurs funèbres. Il n'aurait pas été sans danger de manquer à une tradition aussi bien établie ; les soldats n'auraient pas tardé à s'inquiéter pour eux-mêmes ; ils auraient perdu leur confiance en leur chef et se seraient dit que, le cas échéant, il pourrait leur arriver aussi à eux-mêmes de pourrir sans sépulture en terre étrangère, tandis que leur âme errerait sans fin, sans pouvoir pénétrer dans le royaume des morts, aussi longtemps que les rites funèbres n'auraient pas été accomplis. Alexandre était donc plus perplexe que jamais, lorsque l'un des prisonniers, qui parlait le grec, prit à son tour la parole et dit :

— Le chemin que tu cherches à prendre, ô Roi, ne saurait mener ton armée en Perse. Ce ne sont, dans la montagne, que sentiers si étroits qu'à peine un homme seul y peut passer. Partout c'est la forêt, si épaisse qu'elle ne laisse pas filtrer le jour. La terre est recouverte de feuilles, dans lesquelles on enfonce jusqu'au ventre. De plus, le sous-bois est plein de ronces et de broussailles impénétrables. La montagne s'étend ainsi tout le long de la Perse, et forme comme un rempart, depuis le Caucase jusqu'à la mer. Au-delà, c'est la plaine, la vallée du fleuve Araxe, l'un des plus beaux de l'Asie. Il se jette dans le fleuve Médus, qui est bordé de jardins sans nombre. Les platanes et les peupliers poussent sur ses rives ; et cette région est celle qui a le meilleur climat, de beaucoup, de tout l'empire des Perses. Mais pour parvenir jusque-là, il faut d'abord franchir ces montagnes, et cela, ô Roi, je doute fort que tu puisses y parvenir.

Alexandre, intéressé par ce qu'il venait d'entendre, demanda au prisonnier s'il avait vu tous les pays dont il parlait, ou s'il ne faisait que répéter ce que d'autres lui avaient dit. L'homme répondit qu'il avait passé la montagne bien des fois, qu'il avait été berger et que tous les sentiers lui étaient familiers, pour les avoir suivis à plusieurs reprises avec son troupeau. Lui-même, ajouta-t-il, était originaire de Lycie, sur les bords de la mer Égée, et c'était pour cela qu'il avait appris, dans sa jeunesse, à parler le grec. Mais il avait été fait prisonnier par les Perses, qui l'avaient vendu au service d'un riche propriétaire, dont il avait été le berger. Et maintenant, il était le prisonnier d'Alexandre.

Le roi, en apprenant cela, fut transporté de joie. Il se souvint qu'autrefois, son père Philippe avait consulté à son sujet l'oracle de Delphes, et que la Pythie avait répondu qu'Alexandre — qui était encore tout enfant — serait un jour guidé par un « loup » dans sa marche contre le royaume des Perses. Or, le mot grec qui signifie un « loup » est le même qui désigne aussi les Lyciens. Alexandre, en entendant quelle était la patrie du prisonnier, comprit que l'oracle était accompli, et il n'eut de cesse qu'il n'eût persuadé à l'homme de lui servir de guide. Il le libère de ses liens, le fait armer comme l'un de ses soldats, lui promet monts et merveilles et l'invite à lui montrer une route permettant de tourner le défilé et de prendre Ariobarzanès à revers. Le berger se fit longtemps prier ; il insista sur les difficultés du chemin, surtout pour des hommes en armes. Mais à toutes ses objections, le roi répondait « qu'il avait bien mauvaise opinion d'Alexandre et de son armée, s'il pensait qu'ils ne pourraient aller aux endroits où avait pu parvenir un berger ». À la fin, le Lycien céda et l'on se mit en marche sous sa conduite.

Alexandre laissa une partie de l'armée dans la plaine, devant le défilé, sous le commandement de Cratère, l'un de ses lieutenants. Il lui recommanda de faire le plus de bruit possible, de ne pas restreindre l'étendue du camp, d'augmenter le nombre des feux, pour ne pas laisser soupçonner aux Barbares que le roi était absent. Si, malgré cela, il s'apercevait qu'Ariobarzanès avait eu vent de la manœuvre et se mettait à le poursuivre par la montagne, Cratère avait mission de forcer le passage dans le défilé. Et c'est aussi ce qu'il devait faire si le mouvement d'Alexandre réussissait, et en tournant l'ennemi, parvenait à encercler les Perses.

Ces ordres donnés, Alexandre partit en pleine nuit, sans faire sonner les trompettes, et suivit le berger lycien. Les soldats portaient avec eux trois jours de vivres, ce qui les alourdissait. Et les sentiers de la montagne étaient à peine praticables. Parfois des rochers éboulés fermaient le chemin, et il fallait se hisser à la force du poignet. Parfois l'on se trouvait devant des poches de neige, qu'on ne traversait à grand-peine qu'avec d'infinies précautions, car la neige pouvait cacher des précipices. Il arrivait même que la neige se fût accumulée dans des trous où disparaissaient des hommes, que leurs camarades devaient ensuite retirer de là, au risque de s'y engloutir eux-mêmes. Peu à peu la crainte s'empara des hommes. Après quelques heures de cette marche, le jour n'était pas encore levé et les soldats, qui n'avaient aucune confiance dans le guide lycien, se demandaient avec angoisse où il les entraînait. Si le berger les avait trahis, ils étaient perdus, eux et le roi. Et ils ne se faisaient pas faute d'exprimer leurs craintes à haute voix.

Alexandre, cependant, était partout. Peut-être, au fond de lui, n'avait-il pas moins peur que ses soldats, mais il se gardait de le laisser paraître ; il était sur le bord du sentier lorsque l'on côtoyait un précipice ; c'est lui qui abordait le premier les névés, lui qui donnait l'alarme si quelque traînard se faisait trop longtemps attendre. Il avait le guide à ses côtés et ne laissait pas de le traiter avec amitié, pour détourner à l'avance tous les soupçons.

Enfin, ce furent les premiers rayons de l'aube et, vers le même moment, l'avant-garde parvenait à la crête. C'était un plateau herbeux, dont le gazon dru et souple était plaisant à fouler après les cailloux de la montée. Deux chemins étaient tracés : celui de droite, leur dit le guide, menait vers les positions d'Ariobarzanès ; le second, qui obliquait vers la gauche, ne tardait pas à aborder d'autres pentes et recommençait à monter. Alexandre plaça le plus grand nombre de ses soldats sous le commandement de Philotas, et leur donna comme mission de progresser lentement par la droite vers Ariobarzanès, tandis que lui-même continuerait par la gauche et exécuterait un vaste mouvement tournant, avant de se rabattre à travers la montagne et de couper définitivement toute retraite à l'ennemi.

La marche recommença. Alexandre n'avait plus avec lui que ses gardes et l'élite des cavaliers. Au début, tant que l'on resta sur le plateau, la marche fut aisée. Et, à midi, tout le monde s'arrêta pour prendre quelque nourriture, et surtout un repos très nécessaire après les efforts de la nuit. Dans ces montagnes, l'air est froid, mais, le soleil levé, la chaleur ne tarde pas à augmenter et, au milieu du jour, elle est intolérable. La halte se prolongea jusqu'à la nuit, et ce fut dans l'obscurité que l'on se remit en marche. Bientôt il fallut de nouveau monter, pour franchir une seconde ligne de crêtes. Les soldats, entraînés par leurs efforts de la veille et qui avaient repris confiance dans le guide, surmontèrent les difficultés sans trop de peine. Mais ce fut bien autre chose lorsque commença la descente ! La route, à un moment, se trouva coupée par un immense ravin, au fond duquel coulait un torrent ; sur les pentes s'étaient accumulés des branches arrachées par les tempêtes, des troncs énormes, tout couverts de rejets qui formaient une haie inextricable. Il n'y avait pas de lune, et l'on marchait sous de grands arbres dont le feuillage épais achevait d'arrêter le peu de lumière qui tombait des étoiles. De plus, il faisait grand vent et le fracas des branches, froissées les unes contre les autres, était épouvantable.

Il était impossible d'avancer. Les soldats firent halte, en ce qui leur parut être l'extrémité du monde et, de nouveau, la peur s'empara d'eux. Impossible pour le roi de leur parler, tant le vacarme du vent couvrait toutes les voix. Impossible aussi de se faire voir à eux dans l'obscurité totale. L'on dut attendre que se levât le jour, dans l'inquiétude et la confusion. Et de nouveau, avec l'aube, se produisit comme un miracle : la lumière revenue montra aux soldats que l'obstacle, apparemment infranchissable, pouvait être aisément contourné. Chacun reprit courage et bientôt l'on parvint à une hauteur, du haut de laquelle on aperçut les premiers postes ennemis. Pleins d'ardeur, les cavaliers s'élancent, bousculent les Perses et les contraignent à se replier sur le gros de leurs forces.

Ce fut une fuite éperdue, car les hommes d'Ariobarzanès étaient loin de s'attendre à une attaque dans cette direction. En même temps, les cris des Macédoniens, le fracas des armes parviennent jusqu'à Cratère, qui était resté dans la plaine, à l'entrée du défilé. Cratère donne alors le signal de l'attaque et reprend la marche. Cependant que, de son côté, Philotas, qui guettait le moment, assaille l'ennemi sur un troisième côté. De toutes parts, les Perses se voient enveloppés. Alors, dans leur désespoir, ils se battent avec la plus grande énergie. Ceux qui n'avaient pas eu le temps de s'armer se précipitaient, tels qu'ils étaient, sur les Macédoniens, les saisissaient à bras-le-corps et se jetaient avec leur victime du haut des rochers. Mais le combat était trop inégal. Les Perses, finalement, durent s'enfuir, du moins ceux qui ne périrent pas sous la triple attaque des Macédoniens. Ariobarzanès parvint à percer les lignes, avec une quarantaine de cavaliers et cinq mille fantassins. Il ne tarda pas à se présenter, en vaincu, devant la capitale de la Perse, Persépolis ; mais le gouverneur ne voulut pas le recevoir. Et, comme Alexandre s'était lancé à sa poursuite, il fut bientôt rejoint et périt en combattant avec tous les siens.

Ainsi l'oracle de la Pythie s'était accompli : au moment où tout semblait désespéré, le Lycien avait ouvert au roi la route de la Perse qui, désormais, s'offrait à lui.

XVI

ALEXANDRE À PERSÉPOLIS

Tandis qu'Alexandre s'était lancé à la poursuite d'Ariobarzanès, le reste de l'armée progressait lentement vers Persépolis. Il n'y avait plus aucun ennemi devant elle, mais les difficultés du chemin ralentissaient la marche. Les Perses avaient détruit les routes et creusé de grands fossés, qu'il fallait commencer par combler. Et l'on n'avançait guère. Alexandre eut le temps d'achever l'anéantissement des troupes d'Ariobarzanès avant que ses soldats ne fussent seulement à mi-chemin de la ville. Il revint avec eux et, au bout de quelques jours, grâce à sa présence et à l'énergie que sa vue inspirait aux troupes, l'on vint à bout des plus grandes difficultés. Bientôt un messager vint lui remettre une lettre du gouverneur de Persépolis, qui lui signalait que les gens de la ville, à la nouvelle de son arrivée prochaine, voulaient piller les trésors royaux ; il lui conseillait de se hâter, autant qu'il le pourrait, s'il voulait trouver des biens qui lui appartenaient par droit de conquête.

Alexandre, à ces nouvelles, prit avec lui un escadron de cavaliers et se dirigea vers Persépolis. Il chevaucha toute la nuit. Ses gens étaient épuisés, mais il avançait toujours. À l'aube, il atteignit le fleuve

Araxe dont tous les ponts avaient été coupés par l'ennemi, et que l'on ne pouvait traverser à gué. Alexandre découvrit, sur les rives, plusieurs villages ; il en fit aussitôt détruire les maisons, rassembla les poutres provenant des charpentes, et construisit de la sorte un pont suffisant pour permettre le passage. Bientôt il parvint dans les faubourgs de Persépolis.

Comme il arrivait aux premières maisons, voici qu'une troupe immense se présente devant lui. C'étaient les êtres les plus lamentables que l'on puisse imaginer. Les uns présentaient des visages où, à la place du nez, l'on ne voyait plus qu'une plaie béante. Les autres n'avaient plus de lèvres et semblaient rire d'un rire sinistre ; d'autres n'avaient plus d'oreilles, et leur tête rasée laissait paraître leur difformité sans rien pour la dissimuler. Il y en avait qui tendaient vers le roi, au lieu de mains, des bras mutilés qui se terminaient pas un moignon aux chairs boursouflées. D'autres se traînaient sur les genoux, car ils n'avaient plus de pieds. Presque tous portaient, sur le front, des inscriptions imprimées au fer rouge. Alexandre fut saisi d'horreur ; il s'arrêta et crut que les habitants de Persépolis avaient envoyé au-devant de lui, par dérision, tous les mendiants de la ville. Mais, à sa grande stupeur, ces êtres de cauchemar s'adressaient à lui en grec ; ils lui disaient qu'ils avaient été naguère ses soldats, que les Perses les avaient faits prisonniers sur le champ de bataille et les avaient rassemblés à Persépolis, où ils étaient esclaves.

Le roi ne put s'empêcher de verser des larmes à ce spectacle pitoyable. Puis il les invita à reprendre courage. Maintenant qu'ils étaient libres, plus rien ne les empêcherait de retourner dans leur patrie. Il promit de leur donner tous les moyens de revoir la Grèce. Puis, continuant son chemin, il pénétra dans la ville.

Cependant, les prisonniers grecs s'étaient rassemblés dans un pré, hors de l'enceinte, et ils délibéraient entre eux pour savoir ce qu'ils devaient faire. Le premier moment de joie passé, beaucoup se demandaient s'il ne valait pas mieux demeurer en Asie au lieu de retourner dans leur patrie. Ils se disaient que, sans aucun doute, leurs femmes, leurs enfants, leurs parents, tout le monde, chez eux, les croyait morts. Et cela ne valait-il pas mieux ainsi ? Que feraient-ils, dans leur ville, mutilés comme ils l'étaient ? Ne seraient-ils pas un objet d'horreur pour tout le monde ? Ceux qui les avaient connus autrefois, qui les avaient aimés, les avaient pleurés comme on pleure les morts, puis ils s'étaient consolés. Pourquoi ressusciter des êtres qui n'étaient plus que des fantômes, l'ombre à peine reconnaissable de ce qu'ils avaient été ? Au mieux, ils ne pouvaient espérer que la pitié ; et après le premier moment de compassion ou de curiosité, ils ne seraient plus que des gêneurs. Étrangers à leur propre foyer, plus honteux que des mendiants, ils n'oseraient plus accueillir des hôtes à leur table ; ils se dissimuleraient, et leurs enfants s'enfuieraient à leur vue. Ne valait-il donc pas mieux rester en Perse où, du moins, chacun était accoutumé à les voir ? Certains pensaient aussi aux affections qu'ils avaient pu former dans le pays, car il y en avait plusieurs qui s'étaient mariés avec des femmes esclaves et avaient fondé, malgré tout, des familles avec lesquelles ils vivaient, tant bien que mal, tout en travaillant pour des maîtres perses.

Tout bien considéré, la plupart des prisonniers décidèrent de demander à Alexandre des terres aux environs de Persépolis. Ils envoyèrent au roi une députation. Alexandre les reçut avec bonté et crut qu'ils venaient lui réclamer au plus tôt les moyens de renter dans leur patrie. Spontanément, il leur offrit à chacun une monture avec mille deniers ; il ajouta que, dans leur pays, ils recevraient encore une pension et, malgré leurs malheurs, se trouveraient dans un état si enviable que nul ne songerait à se moquer d'eux. Mais les prisonniers restaient muets, et certains ne pouvaient cacher leurs larmes. Et comme le roi, étonné, leur demandait la raison de cette étrange conduite, l'un d'eux lui dit :

— Ô Roi, nous reconnaissons tes bontés ; mais nous avons délibéré en commun sur ce qui valait mieux pour nous, et nous avons pensé que nous serions plus heureux dans ce pays que dans notre patrie, si tu veux bien nous aider à y trouver notre subsistance.

Puis il lui exposa en détail ce qui avait été dit à la délibération.

Alexandre se rendit à leurs raisons, les laissa libres de décider, chacun pour son compte, ce qu'ils préféraient. Puis il leur fit immédiatement compter trois mille deniers par tête, ajouta dix habits, et leur fit assigner, sans délai, des propriétés dans les environs de Persépolis. Il n'y eut qu'un très petit nombre, parmi les anciens prisonniers, pour préférer à ces avantages certains les risques d'un retour, qui les aurait entraînés à travers toute l'Asie, pour revenir dans des villes où ils se seraient désormais sentis des étrangers.

Cette affaire réglée, Alexandre convoqua ses généraux et leur dit que Persépolis une fois conquise, le but principal de la guerre était atteint. C'était de là qu'étaient parties autrefois les armées perses qui avaient ravagé la Grèce. De même que les soldats de Xerxès avaient, en leur temps, ravagé les villes grecques et mis le feu aux temples les plus sacrés d'Athènes, de même il fallait maintenant détruire Persépolis. Puis, sans plus tarder, il fit entrer la phalange qui avait fini par arriver avec le reste de la troupe, et lui livra la ville.

Pendant plusieurs jours, ce ne fut que pillage et massacre. Les trésors, entassés non seulement dans les palais royaux mais dans les demeures particulières, passaient l'imagination. Des siècles de guerres heureuses et de trafic commercial avaient accumulé les étoffes précieuses, l'or, l'argent, les meubles, les vases ouvragés.

Déjà, depuis la défaite d'Ariobarzanès, les habitants avaient commencé le pillage ; on avait vu des esclaves se disputer les vêtements royaux et, les tirant chacun de leur côté, les mettre en lambeaux. Lorsque les Macédoniens furent là, ce fut encore bien pis. Ils brisaient à la hache les vases précieux pour en retirer les gemmes, ne laissaient rien d'intact en aucun lieu et, chargés de leur butin, allaient çà et là, égorgeant tout ce qu'ils rencontraient. Les prisonniers ne pouvaient même plus espérer être vendus comme esclaves, car le prix qu'en aurait pu tirer leur vainqueur était dérisoire à côté des trésors dont regorgeait la ville. Aussi beaucoup d'habitants préférèrent-ils se donner spontanément la mort ; revêtus de leurs plus beaux vêtements, ils se précipitaient du haut des murailles avec leurs femmes et leurs enfants. D'autres, pour éviter que tout ce à quoi ils tenaient ne tombât aux mains de l'ennemi, mettaient le feu à leur maison et bientôt, un peu partout, l'on vit des fumées noires s'élever par la ville. C'était l'antique capitale des rois de Perse qui brûlait.

L'on assure que le montant total du butin recueilli par Alexandre et ses soldats s'éleva jusqu'à douze milliards de notre monnaie. Ce qui est certain, c'est que, pour le transport, le roi dut faire venir de Suse et de Babylone un nombre considérable de chameaux et de mulets, qui s'en retournèrent en longues caravanes, sous bonne escorte, avec leurs trésors qui prirent le chemin de la Macédoine.

Pendant les premiers jours, le palais des rois de Perse avait échappé à la destruction. Alexandre s'y était installé et vivait là avec la plus grande magnificence. Il y donnait des festins où le vin coulait à flots. Et voici ce qui arriva.

Certain soir, dans un banquet où les compagnons d'Alexandre avaient invité qui ils voulaient, l'un d'eux avait fait venir avec lui une femme grecque d'une grande beauté, nommée Thaïs, qui partageait sa vie et l'avait accompagné à la guerre. Or, cette femme avait bu plus que de raison et, vers la fin du banquet, elle déclara que tous les Grecs auraient, à Alexandre, une gratitude infinie, s'il incendiait toute la ville de Persépolis, sans en excepter le palais royal. Deux ou trois officiers macédoniens, pris de vin, eux aussi, approuvèrent ce beau projet ; et Alexandre, qui n'était pas sobre, lui non plus, se lève avec eux en disant :

— Vengeons la Grèce ! Jetons des torches dans toute la ville !

Et, le premier, il met le feu au palais.

Comme c'était, en ce temps-là, l'habitude des architectes perses, le palais avait été construit en bois de cèdre. Non seulement les charpentes en étaient faites, mais aussi beaucoup de panneaux sculptés qui recouvraient les murs. Le bois de cèdre, tout imprégné d'une huile odorante, est extrêmement combustible. Bientôt tout le palais flamba comme une torche. Dès que l'armée, qui campait en dehors de la ville, aperçut les flammes, les soldats crurent que c'était un accident, et tout le monde accourut pour porter secours au roi. Mais les premiers soldats, en pénétrant dans les vestibules, virent Alexandre, en personne, qui attisait le feu. Alors, laissant là les seaux d'eau qu'ils apportaient, ils se mirent eux aussi à jeter du bois sec dans le brasier. Et, en peu d'instants, ce qui restait de la ville acheva de brûler, en même temps que le palais. Athènes était vengée. Mais on assure que les Athéniens auraient de beaucoup préféré ne pas devoir leur vengeance au caprice d'une femme ivre.

ENTRACTE

ENFANT PRODIGE ?

En lisant les aventures d'Alexandre, vous avez peut-être rêvé de connaître vous aussi un destin exceptionnel ; mais auriez-vous les qualités — et les défauts ! — de ce génie qui s'est révélé dès l'enfance dans diverses circonstances de la vie quotidienne ? Pour le savoir, imaginez-vous à votre tour dans les mêmes situations et déterminez le comportement qui vous semble le mieux correspondre à votre caractère : chacun de vos choix vous rapportera un certain nombre de points ; en les additionnant, vous obtiendrez un total qui vous permettra d'évaluer si vous avez bien le « profil » d'Alexandre.

I - Alors qu'elle était enceinte de vous, votre mère a fait « des songes étranges qui lui ont donné à entendre que son enfant lui avait été envoyé par Zeus Ammon » (p. 7) ; elle vous les raconte et vous demande ce que vous en pensez :

A - Amusé par sa crédulité, vous lui expliquez qu'il ne faut pas se fier aux rêves parce qu'ils entretiennent de ridicules illusions.

B - Intrigué par cette révélation, vous lui dites que « la vie est un songe » et que vous rêvez parfois vous aussi d'un père étrange.

C - Persuadé de votre origine divine, vous lui promettez que vous irez consulter le dieu dans son temple, en plein désert de Cyrène, dès que vous en aurez l'occasion.

II - Lorsque vous jouez avec vos amis (p. 7) :

A - Vous vous organisez pour que chacun soit le chef à tour de rôle.

B - Vous suivez les initiatives de vos compagnons sans oser manifester votre propre volonté.

C - Vous êtes toujours le chef de bande et vous imaginez mille aventures pour les entraîner sous votre commandement.

III - Un jour que vous vous êtes « distingué à la course en luttant avec des camarades », quelqu'un vous demande si vous n'aimeriez pas « remporter des prix aux Jeux Olympiques » (p. 7) :

A - Vous répondez non, parce que vous estimez que vous n'auriez aucune chance de gagner.

B - Vous répondez oui, mais à la condition que tous les autres concurrents soient de la même qualité que vous.

C - Vous répondez peut-être, en ajoutant que pour vous « l'essentiel est de participer ».

IV - Tandis que vous offrez un sacrifice aux dieux, votre précepteur vous conseille d'économiser l'encens que vous allez verser dans le feu (p. 68) :

A - Sans même prendre la peine d'écouter, vous puisez l'encens à pleines mains pour le jeter dans le feu et vous jurez que vous en enverrez une tonne avec un quintal de myrrhe à ce vieil avare quand vous aurez conquis les pays d'Orient d'où viennent ces précieuses essences parfumées.

B - Vous suivez sagement ce conseil d'économie et vous brûlez quelques poignées d'encens avec parcimonie.

C - Vous expliquez qu'il ne faut pas faire d'économie avec les dieux et vous versez la quantité d'encens que vous estimez nécessaire.

V - Des ambassadeurs représentant un puissant chef d'État étranger sont en visite dans votre région (p. 8) ; vous décidez de les rencontrer :

A - Pour leur présenter les spécialités de votre pays et chercher à mieux connaître les leurs.

B - Pour les entretenir des préoccupations habituelles des enfants, de vos jeux et de vos études.

C - Pour leur poser des questions précises sur la géographie et la situation militaire de leur pays : état des routes, armement, méthodes et dispositifs de combat, etc.

VI - Comme votre père accumule les succès et renforce sa puissance (p. 9), vous déclarez à vos camarades :

A - « Mon père ne me laissera rien à faire ! Ni vous ni moi, nous ne pourrons devenir célèbres ; partout il nous aura devancés ! »

B - « Je suis trop jeune pour m'intéresser aux événements, mais je suivrai son exemple quand je serai grand. »

C - « Je me réjouis vivement de sa réussite et j'espère qu'elle va durer longtemps. »

VII - Un important éleveur de chevaux propose de vendre un superbe cheval à votre père, mais le prix est considérable et l'animal se révèle indomptable (p. 9) ; alors que votre père est sur le point de renoncer à son achat, vous intervenez pour donner votre opinion :

A - Vous pensez que personne ne pourra jamais dompter ce cheval et vous invitez votre père à ne pas gaspiller son argent dans une telle dépense.

B - Vous regrettez de laisser partir un si bel animal et vous pariez que vous le dompterez vous-même en promettant de payer son prix si vous perdez.

C - Vous proposez de garder le cheval à l'essai et de le payer à condition que l'éleveur se charge lui-même de son dressage.

VIII - Pour finir, vous direz en toute sincérité dans quelle mesure chacun des traits de caractère suivants pourrait être le vôtre :

	A - OUI	B - NON	C - UN PEU
rancunier			
emporté			
gâté			
polisson			
généreux			
orgueilleux			
impulsif			

	A	B	C
autoritaire			
impatient			
curieux			
ambitieux			
téméraire			
entêté			
bavard			

Pour calculer votre score, reportez-vous à la p. XXXII où vous trouverez le tableau des points à additionner en fonction de chacun de vos choix (Total maximal : 210 points).

Vous avez plus de 180 points : bravo ! vous avez vraiment l'étoffe du grand Alexandre ; rien ne résistera à votre élan. Mais attention, la vie de génie n'est pas toujours facile !

Vous avez entre 110 et 180 points : vous avez en vous les capacités d'Alexandre, mais vous ne savez pas les exploiter avec méthode ; replongez-vous dans les aventures du conquérant et laissez-vous guider par son exemple.

Vous avez entre 50 et 110 points : vous croyez parfois ressembler à Alexandre, mais vous manquez trop de l'énergie nécessaire pour mettre le monde à vos pieds ; ne vous découragez pas : à défaut de régner sur un empire, vous pourrez toujours régner sur vous-même !

Vous avez moins de 50 points : hélas ! vous n'avez guère de chance de marcher un jour sur les glorieuses traces d'Alexandre ; consolez-vous cependant : votre sagesse et votre modestie vous permettent d'être apprécié de tous.

LES LEÇONS DU MAÎTRE

En 343 av. J.-C., Alexandre a treize ans : après le sévère précepteur de son enfance, Léonidas, son père lui donne un nouveau maître, Aristote (né en 384 av. J.-C.), fils du médecin Nicomaque qui était un ami distingué de la famille royale macédonienne. Pendant dix ans, jusqu'à la mort de Philippe, ce fameux philosophe et professeur de rhétorique, qui fut lui-même le disciple de Platon, forme l'intelligence de son élève : d'un demi-barbare il va faire un hellène parfait, convaincu de la supériorité de la culture grecque et brûlant du désir de la faire partager aux peuples étrangers.

Véritable esprit universel à la culture encyclopédique, Aristote enseigne à Alexandre la littérature (le conquérant gardera toujours comme un précieux trésor une édition de *L'Iliade* annotée par son maître), la morale, la dialectique, la politique, l'histoire, la géographie, les sciences physiques et naturelles, et même des rudiments de médecine. En 335 av. J.-C., Aristote se fixe à Athènes où il fonde le Lycée qu'il dirige jusqu'en 323 av. J.-C. Chassé d'Athènes, où il est désormais mal considéré à cause de ses amitiés macédoniennes, il meurt à Chalcis, dans l'île d'Eubée, en 322 av. J.-C., un an après son illustre élève.

La science des mots est un domaine important pour tout amateur de **savoir** et de **sagesse** (***sophia*** en grec) : retrouver leur origine permet ainsi d'en apprécier les richesses. Comme Alexandre, entrez donc dans le monde de ***sophie*** et suivez les traces du maître qui aimait dire : « La raison est comme un livre, sur les pages duquel il n'y a en réalité rien d'écrit. »

À vous d'écrire ! Voici quelques termes grecs qui entrent dans la composition de noms propres rencontrés au cours des récits que vous venez de lire : à partir de chacun d'entre eux et en complétant chaque vignette (un tiret par lettre), vous pourrez retrouver ces noms propres ainsi que des noms communs dont ils composent en partie les racines étymologiques.*

Une fois les vignettes remplies, vous pourrez encore mettre votre perspicacité à l'épreuve : vous avez lu comment Alexandre fut sauvé par son médecin grâce à ce que l'on pourrait appeler un remède « de cheval » (chapitre VI). Mais sauriez-vous donner le nom du plus grand médecin de l'Antiquité (460-377 av. J.-C.) qui est à l'origine du serment prêté encore aujourd'hui par ses « collègues » (les deux termes grecs qui composent son nom figurent parmi les vignettes) ? Puisse votre santé partager sa vigueur !...

* Les verbes sont cités à la première personne du singulier de l'indicatif présent ; pour les substantifs, en cas de radicaux variables, seule a été retenue la forme qui est à l'origine du nom à retrouver.

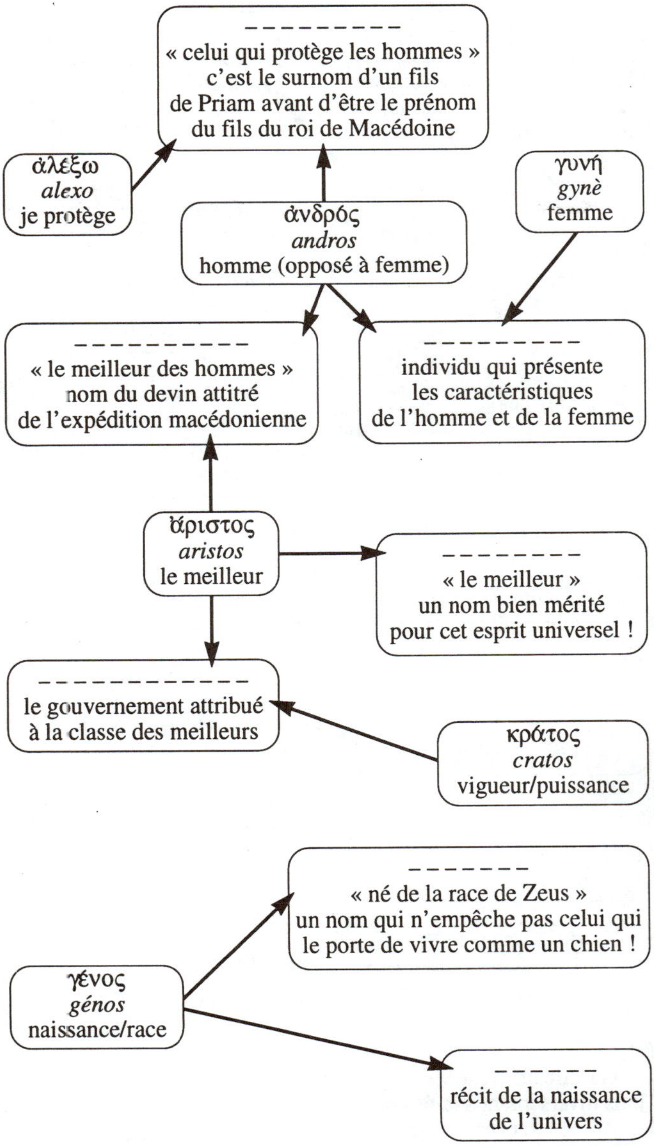
_ _ _ _ _ _ _ _ _ _
« celui qui protège les hommes »
c'est le surnom d'un fils
de Priam avant d'être le prénom
du fils du roi de Macédoine
ἀλέξω
alexo
je protège
ἀνδρός
andros
homme (opposé à femme)
γυνή
gynè
femme
_ _ _ _ _ _ _ _ _ _ _
« le meilleur des hommes »
nom du devin attitré
de l'expédition macédonienne
_ _ _ _ _ _ _ _ _ _
individu qui présente
les caractéristiques
de l'homme et de la femme
ἄριστος
aristos
le meilleur
_ _ _ _ _ _ _ _ _
« le meilleur »
un nom bien mérité
pour cet esprit universel !
_ _ _ _ _ _ _ _ _ _ _ _ _ _
le gouvernement attribué
à la classe des meilleurs
κράτος
cratos
vigueur/puissance
_ _ _ _ _ _ _
« né de la race de Zeus »
un nom qui n'empêche pas celui qui
le porte de vivre comme un chien !
γένος
génos
naissance/race
_ _ _ _ _ _
récit de la naissance
de l'univers

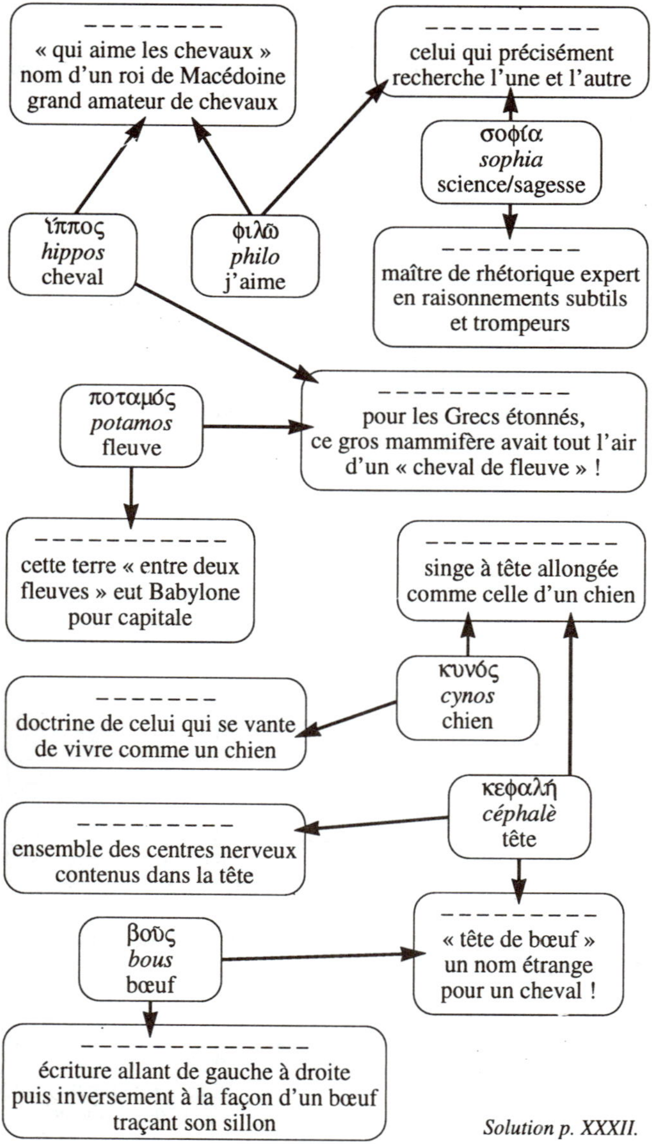

Solution p. XXXII.

UNE FAMEUSE MOSAÏQUE

C'est dans une riche demeure de Pompéi, la maison dite « du Faune », que fut découverte en 1830 une grandiose mosaïque représentant un face-à-face dramatique entre Alexandre et Darius au cours d'une bataille que les spécialistes hésitent encore à identifier comme celle d'Issos ou celle d'Arbèles (voir chapitres VII et XIII). Cette mosaïque, partiellement endommagée par un tremblement de terre avant même la destruction de Pompéi en 79 après J.-C., est une copie, sans doute très fidèle, d'une grande peinture remontant au début de l'époque hellénistique (fin du IVe siècle av. J.-C.). Elle se trouve aujourd'hui au Musée archéologique national de Naples, mais vous allez lire comment l'un de ses admirateurs — un autre Alexandre ! — a pu la décrire tandis qu'elle ornait encore le sol de la maison (Alexandre Dumas, extrait du chapitre XXXIX, « Maison du Faune », in *Corricolo, Impressions de voyage en Italie*, 1842, cité in *Pompéi, Le Rêve sous les ruines*, Omnibus, Presses de la Cité, 1992, pp. 460-461).

Or voici que ce texte a lui aussi subi quelques dommages : l'ordre de ses cinq paragraphes a été bouleversé et, dans chacun d'entre eux, dix mots ont disparu. Vous allez donc jouer les apprentis restaurateurs pour le rétablir en le comparant à la mosaïque ci-dessous.

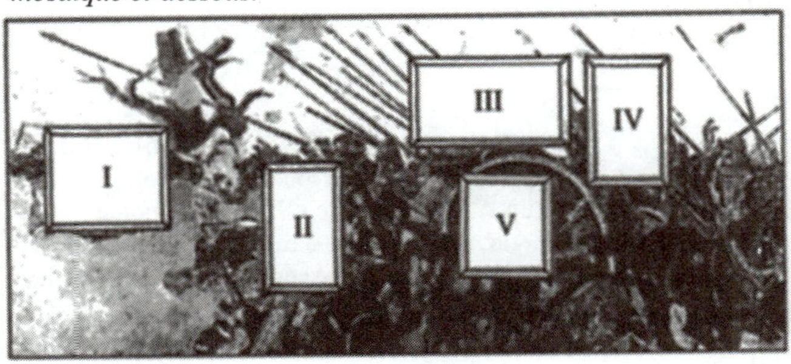

Il vous faut donc :

- *Remettre chacun des 10 mots à sa place* ■, *à l'intérieur de chaque paragraphe.*

N.B. *L'un de ces dix mots, remplacé par un* ✹ *dans la liste, se répète dans chaque paragraphe (au singulier en A et B, au pluriel en C, D et E) ; c'est un élément fondamental dans le combat : à vous de retrouver lequel.*

- *Faire correspondre chacun des 5 paragraphes (de A à E) à son « pavé » découpé sur la mosaïque (de I à V).*

• *Retrouver le déroulement du texte en faisant se succéder les paragraphes dans l'ordre des numéros de leur pavé de mosaïque (c'est précisément l'ordre choisi par Alexandre Dumas pour mener sa description sous forme de « tableaux » successifs).*

Aurez-vous le coup d'œil d'Alexandre ?

« La grande mosaïque, qui peut avoir seize pieds de large sur huit pieds de haut, représente une bataille. L'artiste a choisi ce moment suprême et décisif où la victoire se déclare pour une des deux armées : cette victoire est amenée par la chute d'un des principaux personnages. »

A = pavé n° ☐

1 - cramponne 2 - traverse 3 - lance 4 - adversaire 5 - généraux 6 - ☼ 7 - cavalier 8 - embarrassé 9 - douleur 10 - coup	« Ses armes offensives sont l'épée qu'il porte à son côté et la ■ qu'il tient à la main, et de laquelle il ■ le flanc d'un des ■ ennemis, lequel, ■ par son ■ abattu sous lui, n'a pu éviter le ■, et se ■, en se tordant de ■, au bois de la lance de son ■. C'est la chute, et surtout la blessure terrible de ce ■, qui paraissent décider de la victoire. »

B = pavé n° ☐

1 - bride 2 - salut 3 - difficulté 4 - chef 5 - morts 6 - personnage 7 - champ 8 - ☼ 9 - char 10 - trois	« Un quatrième ■, placé comme les ■ autres sur le premier plan du tableau, tient en ■ un ■ qu'il semble offrir au ■ monté sur le ■; car, comprenant sans doute la ■ que ce char éprouvera à passer à travers les ■, les blessés et les armes dont le ■ de bataille est jonché, il veut offrir à son chef un plus sûr moyen de ■. »

C = pavé n° ☐

1 - fuite 2 - ☼ 3 - fouettant 4 - retourner 5 - rênes	6 - droite 7 - attelage 8 - main 9 - force 10 - cocher	« Pendant ce temps, son ■, qui tient les ■ de l'■ de la ■ gauche, ■ les ■ à se ■, et presse leur ■ en les ■ de la main ■. »

D = pavé n° ☐

1 - courts 2 - ☼ 3 - chlamyde 4 - Parthénon 5 - favoris 6 - trente 7 - gauche 8 - cuirasse 9 - Phidias 10 - nu-tête	« Les deux chefs des deux armées sont en présence : l'un, qui paraît avoir ■ ans, à peu près, est monté sur un de ces beaux ■ héroïques comme en sculptait ■ sur la frise du ■; il est ■, porte les cheveux ■ et des ■ qui se joignent sous le cou, et a pour armes défensives une ■ très richement ornée, avec des manches d'étoffe, et une ■ qui, passant pardessus l'épaule ■, retombe flottante derrière lui. »

E = pavé n° ☐

1 - tunique 2 - cavalier 3 - chaperon 4 - ☼ 5 - cou 6 - terreur 7 - char 8 - tête 9 - agrafé 10 - arc	« L'autre chef est monté sur un ■ traîné par quatre ■ et occupe le côté opposé du tableau. Il a la ■ enveloppée d'une espèce de ■ qui après avoir fait le tour du front, passe sous le ■. Il a une ■ à longues manches et un manteau ■ sur sa poitrine et retombant sur ses épaules ; il tient de la main gauche un ■ et étend, dans l'attitude de l'intérêt et de la ■, sa main droite vers le ■ blessé. »

Solution p. XXXII.

ΑΛΕΞΑΝΔΡΟΠΟΛΥ

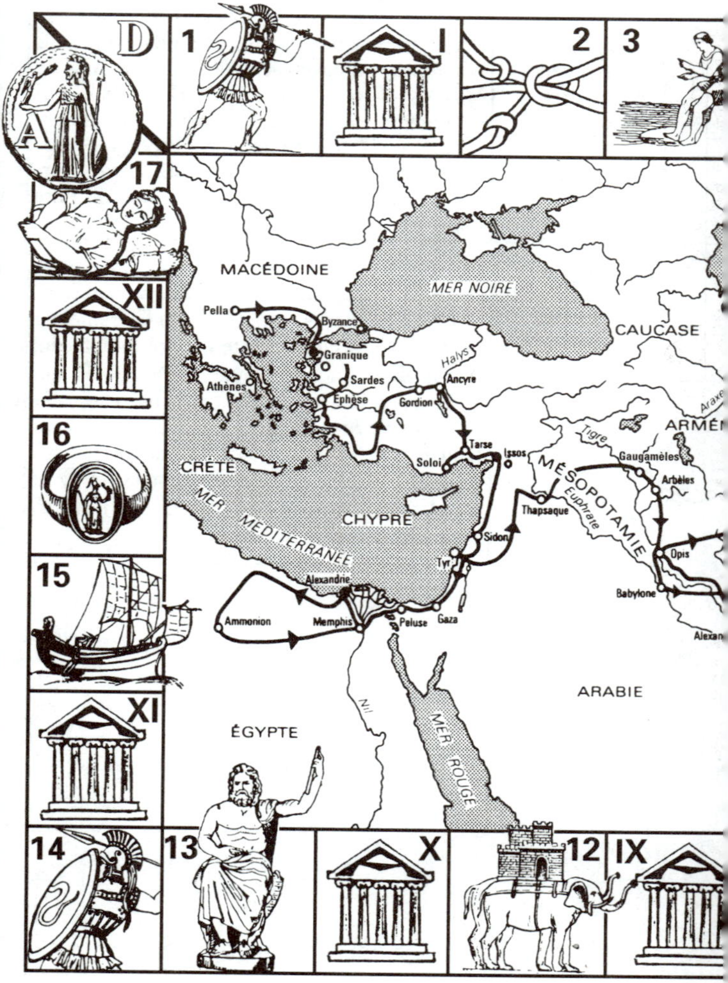

———— itinéraire d'Alexandre le Grand ········ périple de Néarque

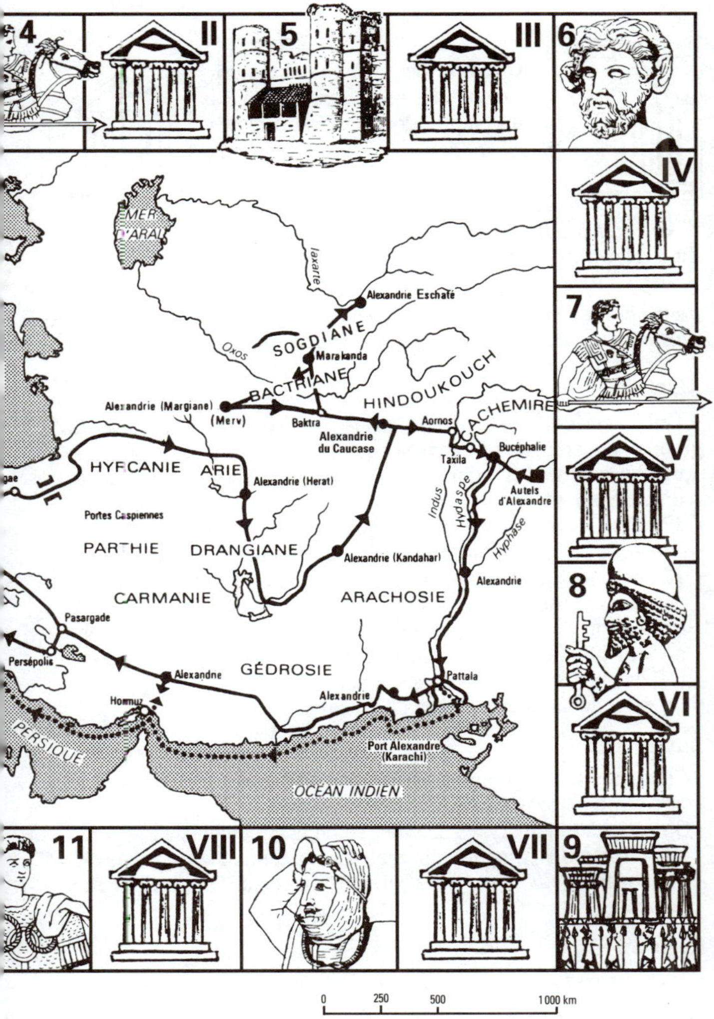
4
II
5
III
6
IV
7
V
8
VI
9
VII
10
VIII
11
MER D'ARAL
Iaxarte
Oxos
Alexandrie Eschaté
SOGDIANE
Marakanda
BACTRIANE
HINDOUKOUCH
Alexandrie (Margiane)
(Merv)
Baktra
Alexandrie du Caucase
Aornos
CACHEMIRE
Taxila
Bucéphalie
Autels d'Alexandre
HYRCANIE
ARIE
Alexandrie (Herat)
Portes Caspiennes
PARTHIE
DRANGIANE
Alexandrie (Kandahar)
Indus
Hydaspe
Hyphase
Alexandrie
CARMANIE
ARACHOSIE
Pasargade
Persépolis
Alexandrie
GÉDROSIE
Pattala
Alexandrie
Hormuz
PERSIQUE
Port Alexandre (Karachi)
OCÉAN INDIEN
0 250 500 1000 km

ALEXANDROPOLY

Au cours de sa fabuleuse campagne en Asie, Alexandre, conscient qu'un empire doit se construire des bases solides pour prospérer, fonda quelque soixante-dix villes auxquelles il donna son nom : autant d'***Alexandro-polis*** (*polis* signifie « la ville » en grec), autrement dit d'***Alexandrie***, pour jalonner son parcours.

Voici qu'Alexandre en personne vous invite à prendre sa place pour revivre son extraordinaire aventure : sur ses traces, seul ou à plusieurs, vous allez devenir conquérant, explorateur et bâtisseur.

Matériel

• **Une piste composée de 30 cases** représentant l'itinéraire du grand conquérant de son arrivée en Asie à sa mort à Babylone :
- **une case départ** (D) qui constitue également **l'arrivée marquée d'un sceau A** ;
- **17 cases « événements »**, numérotées de 1 à 17, qui constituent autant de péripéties survenues dans le parcours d'Alexandre ;
- **12 cases « étapes »**, numérotées de I à XII, qui signalent autant de sites choisis par Alexandre pour y fonder ses villes (N.B. la succession de ces sites dans le cadre du parcours d'Alexandre ne suit pas nécessairement l'ordre chronologique des cases « événements » ; à vous de les situer sur la carte).

• Un **dé** et autant de **pions** que de joueurs.

But du jeu

• Construire le maximum d'***Alexandropolis*** en accumulant la plus grande fortune possible.

• On peut bâtir deux types de villes selon la taille choisie :
- une ***micropolis*** comporte dix maisons, un temple et un palais ;
- une ***mégalopolis*** comporte cent maisons, deux temples et deux palais.

Règle du jeu

• Avant de partir, chaque joueur est doté de l'armée et du « **trésor de guerre** » dont s'était pourvu Alexandre lui-même au moment de mettre le pied en Asie (voir p. 18) :
- **40 000 fantassins** et **4 000 cavaliers** ;

- la solde de 30 jours pour payer ses troupes, soit **200 000 talents d'or** (le talent d'or est l'unité de compte alors en vigueur, évaluée à environ 60 000 de nos francs-or).

N.B. Pendant le jeu, les joueurs devront soigneusement tenir leurs comptes en reportant sur une fiche personnelle chaque profit et/ou perte en hommes et en argent de manière à connaître l'état de leurs biens avant de poursuivre leur route.

• **Si vous jouez à plusieurs**, lancer le dé et établir **l'ordre de départ** en fonction du nombre de points obtenus (du plus grand au plus petit). Chaque joueur place son pion sur la case départ, lance le dé et avance d'**autant de cases que de points obtenus**.

• Si le joueur tombe sur une **case-événement** (n° 1 à n° 17), il lit à haute voix la carte qui correspond au numéro de cette case et choisit l'une des trois suites (A, B, C) qui lui sont proposées pour résoudre la péripétie survenue dans le parcours d'Alexandre ; il se reporte ensuite à la carte-réponse portant le même numéro (pp. XXXIII-XXXVII) et exécute les directives qui lui sont fixées selon son choix. Dans le cas où il doit **payer une somme d'argent**, il la verse sur **la case portant le sceau A** (le sceau protège ainsi un trésor caché dont l'un des joueurs tiendra le compte précis au fur et à mesure des sommes versées).

N.B. Pour ne pas donner d'indications précieuses à ses concurrents, le joueur prendra soin de ne pas lire à haute voix la carte-réponse et de faire ses comptes en secret pour ne jamais dévoiler ni sa stratégie ni l'état de ses biens ! **Attention !** l'une seulement des trois suites proposées fut celle adoptée ou vécue par Alexandre — vous la reconnaîtrez sans doute —, mais elle n'entraîne pas nécessairement le meilleur profit. À vous de déterminer votre propre stratégie en fonction des événements !

• Si le joueur tombe sur une **case-étape** (n° I à n° XII), il pourra y **construire sa ville** en suivant la démarche suivante :

1. Lire à haute voix la carte correspondante et **répondre à l'une des trois questions** proposées (les questions portent sur des connaissances de culture générale relatives à l'histoire d'Alexandre). En cas de bonne réponse (à vérifier sur la carte-réponse portant le même numéro), le joueur gagne son « permis de construire » et une partie des bâtiments nécessaires à sa construction :

- la bonne réponse à la question A lui offre 10 maisons ;
- la bonne réponse à la question B lui offre 1 temple ;
- la bonne réponse à la question C lui offre 1 palais.

2. Compléter la construction ainsi commencée en achetant les autres éléments indispensables pour former une *micropolis* ou une *mégalopolis* selon les moyens financiers dont dispose le joueur (ex. si le joueur a gagné 1 temple, il devra acheter 10 maisons et 1 palais pour posséder une *micropolis ;* 100 maisons, 1 temple et 2 palais s'il a l'ambition de bâtir une *mégalopolis*). Le joueur paie les constructions selon les tarifs suivants :

- 10 maisons coûtent 10 000 talents ;
- 1 temple coûte 50 000 talents ;
- 1 palais coûte 100 000 talents.

N.B. Si le joueur a échoué à la question choisie (il ne doit pas dévoiler la bonne réponse pour éviter qu'elle ne soit reprise par un autre concurrent), il ne reçoit pas son « permis de construire ». S'il a bien répondu sans avoir les moyens d'acheter la totalité des bâtiments nécessaires à la construction d'une *micropolis*, il peut échanger une partie de son armée selon le barème suivant :

- 1 000 fantassins = 10 maisons,
- 500 cavaliers = 1 temple,
- 5 000 fantassins + 500 cavaliers = 1 palais ;

sinon, il perd le bénéfice de sa bonne réponse et doit poursuivre son chemin sans aucune propriété.

• Lorsqu'un joueur tombe sur une **case-événement déjà « visitée »** par un concurrent, il choisit l'une des trois suites proposées sans tenir compte de ce qu'a fait son prédécesseur et sans dévoiler les instructions de la carte-réponse.

N.B. S'il arrive qu'un joueur retombe sur la même case-événement au cours de son circuit, il choisit obligatoirement une suite parmi celles qu'il n'a pas sélectionnées la fois précédente.

• Lorsqu'un joueur tombe sur une **case-étape déjà « visitée »** par un concurrent :

a) si la case est déjà construite, il doit payer une redevance foncière au propriétaire de la ville :

- 100 000 talents s'il est sur une *micropolis*,
- 200 000 talents s'il est sur une *mégalopolis ;*

b) si la case n'a pu être construite (par erreur ou manque de moyens du joueur précédent), il choisit l'une des questions restées sans bonne réponse ; s'il donne la réponse exacte, il peut à son tour construire selon les conditions précédemment énoncées.

N.B. S'il arrive qu'un joueur retombe sur une case-étape où il a déjà construit une ville :

a) s'il possède une *micropolis*, il peut l'agrandir en *mégalopolis* à condition de répondre correctement à l'une des questions restantes (l'agrandissement se fait alors sans aucun frais) ;

b) s'il y possède une *mégalopolis*, il doit payer 20 000 talents de frais d'entretien ; toutefois s'il répond correctement à l'une des questions restantes, il est exempté de cette obligation.

• Quand toutes les questions d'une case-étape ont reçu une bonne réponse, **la case devient « neutre » :** il n'est plus possible d'y bâtir.

• Chaque fois qu'un joueur passe par **la case portant le sceau A**, il empoche le trésor qui s'y trouve à son passage ; s'il tombe exactement sur cette case grâce aux points obtenus par son coup de dé, il touche le double de la somme qui en constitue le trésor.

• Si, en cours de jeu, **un joueur perd tous ses hommes**, il est obligé d'acheter des mercenaires pour continuer son expédition selon ses besoins : un fantassin coûte 10 talents, un cavalier 100 talents. S'il se retrouve **sans argent et sans homme**, il est alors obligé de vendre ses propriétés à la moitié de leur valeur :

- une *micropolis* ne vaut plus que 80 000 talents,
- une *mégalopolis* ne vaut plus que 200 000 talents.

Si, malgré tout, il se retrouve **sans aucun bien** (ni soldat, ni argent, ni ville), il est **éliminé**.

• Lorsqu'il ne reste plus aucune case-étape à construire, **le jeu s'arrête** dès qu'un joueur atteint exactement la case portant le sceau A (il empoche la dernière somme d'argent qui s'y trouve).

• **Si vous jouez seul**, vous appliquez les mêmes règles en tenant compte de ce qui est mentionné pour vous sur les réponses aux cartes-événements. Il n'y a pas de trésor caché à la case A (l'argent de vos dépenses est définitivement perdu). Le jeu s'arrête dès que vous atteignez exactement la case A.

• **En fin de jeu**, chaque joueur évalue ses **biens mobiliers et immobiliers** en chiffrant le total de la façon suivante :

- nombre de *mégalopolis* complètes : _ x 400 000 talents ;
- nombre de *micropolis* complètes : _ x 160 000 talents ;
- cavaliers : _ x 100 talents ; fantassins : _ x 10 talents ;
- argent liquide : _ talents.

Bien entendu, **le gagnant** est celui qui a accumulé **la plus grosse fortune**.

1 - La bataille du Granique (juin 334)

Les troupes ennemies envoyées par le roi des Perses Darius pour arrêter votre progression sont rassemblées au-delà d'un fleuve large et profond ; ses eaux rapides, ses rives escarpées et malaisées vous empêchent de le traverser pour livrer bataille (p. 21). Vous décidez :

A - de remettre le passage à plus tard pour trouver un gué ;

B - de faire construire un pont le plus rapidement possible ;

C - de plonger dans le fleuve accompagné par quelques cavaliers pour engager le combat.

I - Alexandrie de Troade (près du Granique)

A - Quel est l'autre nom de la ville de Troie qui a donné son titre à l'une des œuvres littéraires les plus célèbres de l'Antiquité ?

B - Quel est le nom du prince troyen qui a déclenché la fameuse guerre de Troie en enlevant la belle Hélène ?

C - Quel est le nom du roi qui dirigea l'expédition des Grecs contre Troie ?

2 - Le nœud gordien (hiver 333)

Un oracle très ancien assure que la domination sur l'Asie entière appartiendra à l'homme assez heureux pour dénouer l'enchevêtrement des rênes sur l'antique char du roi Gordius conservé dans le temple de Zeus à Gordium (p. 28). Vous décidez :

A - de payer les services du grand prêtre pour qu'il déclare l'oracle périmé et désormais sans valeur ;

B - de faire tirer sur les lanières par cent de vos meilleurs cavaliers jusqu'à ce qu'elles cèdent ;

C - de renoncer à démêler les cordages et d'en trancher vous-même le nœud d'un coup d'épée.

3 - Le bain dans le Cydnus (été 333)

Alors que vous traversez la Cilicie par une chaleur accablante, vous arrivez au bord d'un fleuve à l'eau limpide et fraîche ; vous y plongez sans la moindre hésitation (p. 36). Vous êtes aussitôt frappé d'un grave malaise et votre médecin personnel prend la décision :

A - de vous administrer une potion très puissante dont l'effet ne pourra être immédiat ;

B - de vous faire transporter dans la ville la plus proche pour vous y faire soigner sous la protection d'un escadron de deux cents cavaliers et de deux mille fantassins ;

C - d'appeler à votre chevet les plus célèbres médecins de la région.

4 - La bataille d'Issos (12 novembre 333)

Vous avez engagé votre armée dans les passes montagneuses qui occupent le sud de la Cilicie (p. 43) ; l'énorme armée de Darius se dirige vers vous. Vous décidez :

A - de descendre aussitôt dans la plaine pour lancer votre redoutable phalange macédonienne à l'assaut des Perses ;

B - d'attendre sur place l'arrivée de Darius pour le contraindre à livrer bataille dans les défilés de la montagne ;

C - de faire demi-tour pour regagner les derniers villages ciliciens avant la montagne et y réparer les forces de votre armée trop épuisée pour affronter l'ennemi le ventre vide !

II - Alexandrie d'Issos

A - Quel est le nom du satyre qui prétendit être meilleur musicien que le dieu Apollon lui-même ?

B - Quel est le nom du roi de Phrygie qui fut choisi comme juge dans la querelle entre le satyre et le dieu ?

C - Qui a inventé la lyre dont jouait le dieu Apollon ?

5 - La prise de Tyr (juillet 332)

Vous poursuivez vers le sud et vous vous trouvez devant Tyr, l'une des plus anciennes villes de la Phénicie, installée sur une île séparée de la terre ferme par un étroit chenal (p. 59). Les Tyriens, très orgueilleux, refusent de vous accueillir. Furieux, vous décidez :

A - de construire une gigantesque jetée avec des blocs de pierre et des troncs d'arbre pour permettre à votre armée de traverser le chenal ;

B - de faire le siège de la ville jusqu'à l'arrivée de votre flotte qui doit venir de l'île de Chypre pour lancer une attaque contre les remparts de la ville ;

C - de traiter les Tyriens par le mépris et de repartir aussitôt vers d'autres conquêtes.

III - Alexandrie d'Égypte

A - Quel est le nom de l'île en face de laquelle Alexandre décida de fonder sa ville, sur l'une des bouches du Nil ?

B - De quelle œuvre sont tirés les deux vers que prononce un vieillard mystérieux apparu en songe à Alexandre au moment de décider sa fondation ?

C - Quel est le nom de la dernière reine d'Égypte, lointaine descendante d'un général d'Alexandre, qui régnera sur sa ville au Ier siècle av. J.-C. ?

6 - Le fils de Zeus Ammon (décembre 332)

Vous n'avez pas oublié les songes que fit votre mère alors qu'elle était enceinte (p. 7) et vous décidez de régler cette affaire de « recherche en paternité » auprès du fameux Zeus Ammon en personne :

A - vous n'hésitez pas à faire six cents kilomètres à travers un désert de sable brûlant pour vous rendre vous-même dans l'oasis de Cyrène où se trouve le sanctuaire du dieu ;

B - vous expédiez cent de vos meilleurs cavaliers avec un coffre généreusement rempli de pièces d'or pour aller consulter l'oracle en votre nom ;

C - vous invitez le grand prêtre de Zeus Ammon à venir jusqu'à Memphis où vous vous êtes installé pour quelques semaines.

IV - Alexandrie d'Harie (Hérat)

A - Quel est le nom du célèbre philosophe qui fut le précepteur d'Alexandre ?

B - Quel est le nom de son école de philosophie, tiré de celui que portait le gymnase de la banlieue d'Athènes où il dispensa son enseignement ?

C - Quel est le nom porté par les adeptes du mouvement philosophique et moral inspiré par Diogène ?

7 - La bataille d'Arbèles (1er octobre 331)

Darius campe dans une vaste plaine près du village d'Arbèles. Vous décidez de l'y rejoindre et, après une marche épuisante, vous vous trouvez face à de gigantesques masses d'hommes qui submergent la campagne avec une rumeur immense (p. 79).

A - Impressionné par ce spectacle effrayant, vous hésitez et vous décidez d'accepter les offres de paix que le roi perse vous a proposées.

B - Sur les conseils de vos généraux, vous attendez la nuit pour attaquer : vous pourrez ainsi profiter de l'effet de surprise et éviter l'effroi de vos propres troupes à la vue d'ennemis aussi terrifiants.

C - Bien décidé à vous mesurer enfin au grand jour avec Darius, vous décidez de lancer l'assaut à l'aube et de prendre une bonne nuit de repos.

V - Alexandrie d'Arachosie (Kandahar)

A - Quel est le nom du fleuve qui traversait Babylone entre ses quais imposants ?

B - Pour quelle reine de légende furent construits les célèbres jardins suspendus de Babylone ?

C - Quel est le nom de la célèbre « sorcière » et magicienne qui passe pour avoir imprégné de naphte les vêtements de ses victimes afin de les consumer d'un feu impossible à éteindre ?

8 - L'entrée dans Babylone (21 octobre 331)

Après la fuite de Darius et la déroute de son armée, vous parvenez enfin en vue de Babylone, l'une des fameuses merveilles du monde : accueilli comme le nouveau roi par le gouverneur de la ville, vous recevez des montagnes d'offrandes (p. 89). Vous décidez alors :

A - de vous installer dans le palais de Darius et de laisser un mois de bon temps à vos vaillants soldats avant de vous lancer dans de nouvelles conquêtes ;

B - de refuser tous ces hommages et de repartir aussitôt en campagne sans même laisser à votre armée le temps de souffler ;

C - de vous arrêter définitivement à Babylone avec l'intention d'en faire votre luxueuse capitale.

VI - Alexandrie du Caucase

A - Quel est le nom du parent du Roi des Dieux qui a dérobé le feu du ciel pour le donner aux hommes ?

B - Quel est le nom du héros qui délivra le voleur immortel enchaîné sur la plus haute cime du Caucase ?

C - Qui a fabriqué l'anneau de fer que le voleur dut porter au doigt après sa délivrance ?

9 - La chute de Persépolis (début janvier 330)

Vous voici parvenu dans les faubourgs de Persépolis, l'antique capitale des rois de Perse (p. 101). Vous convoquez vos généraux et vous leur donnez l'ordre :

A - de prendre la ville sans aucun pillage ni massacre ; calmement, vous franchissez ses portes le premier pour donner l'exemple ;

B - de venger l'honneur des cités grecques autrefois ravagées par les Perses en détruisant leur capitale ; emporté par l'ivresse, vous mettez vous-même le feu au palais royal ;

C - de bloquer les portes de la ville ; malgré votre impatience, vous attendez que ses habitants viennent en personne vous apporter les trésors qu'ils ont cachés dans leurs maisons.

VII - Alexandrie Eschatè
(Khojend ou Leninabad sur le Syr Daria)

'Εσχάτη (*eschatè*) signifie « qui est à l'extrémité » en grec.

A - Quel est le nom donné à l'ensemble des doctrines et croyances qui traitent de la fin du monde et de l'humanité, du jugement dernier et de la résurrection ?

B - Quel est le nom du dieu égyptien, juge des morts, qui fut tué par son frère, puis ressuscité par sa sœur, qui était aussi son épouse ?

C - Quel est le nom que les peuples de langue perse donnèrent à Alexandre ?

10 - La mort de Darius (juillet 330)

Victime d'un complot, Darius a été fait prisonnier par deux de ses courtisans qui l'ont enfermé dans un chariot tandis que l'armée perse bat en retraite vers la Bactriane (p. 116). Vous rattrapez les fuyards et vous retrouvez le roi frappé à mort par les deux traîtres. Vous décidez alors :

A - de donner à Darius des funérailles dignes d'un roi et de poursuivre ses meurtriers sans relâche pour les punir d'une mort cruelle ;

B - d'abandonner le cadavre du roi dans la montagne et de donner une forte récompense aux courtisans qui l'ont trahi ;

C - de faire enterrer Darius dans la ville la plus proche et d'y laisser les traîtres en prison.

VIII - Alexandrie de Margiane (Merv)

A - Quel est le nom de la dynastie qui régna sur l'empire perse de 556 à 330 av. J.-C. et dont Darius III fut le dernier représentant ?

B - Quel est le roi de cette dynastie qui tenta d'envahir la Grèce en 480 av. J.-C. ?

C - Dans quelle bataille navale, qui porte le nom de l'île devant laquelle elle se déroula le 29 septembre 480 av. J.-C., ce roi se vit-il infliger une sévère défaite par les Grecs ?

11 - La dispute avec Clitus (328)

Au cours d'un souper bien arrosé, vous vous disputez avec un grand seigneur macédonien, l'un de vos plus anciens compagnons nommé Clitus (pp. 133-134). Insignifiante au départ, la querelle dégénère vite en un affrontement très violent et Clitus vous nargue avec insolence.

A - Avec un calme digne de Zeus Olympien, vous refusez de répondre à la provocation et vous partez vous coucher sans un mot.

B - Furieux d'être ridiculisé devant vos amis, vous faites jeter Clitus au cachot.

C - À bout de nerfs, vous bondissez sur Clitus et vous le transpercez d'une lance que vous avez arrachée à l'un de vos gardes.

IX - Alexandrie d'Opiène
(au confluent de l'Hydaspe et de l'Hyphase)

A - Sur les traces de quel dieu Alexandre projetait-il de mener sa conquête de l'Inde ?

B - Dans quelle ville était né ce dieu ?

C - Quel était le nom du roi qui avait fondé cette ville et qui était le grand-père de ce dieu ?

12 - La bataille contre Porus (début de l'été 326)

Après avoir franchi le fleuve Indus au printemps et conquis de nouvelles terres, vous vous trouvez face au puissant roi Porus qui vous attend avec son armée et ses deux cents éléphants à la frontière de son royaume, sur la rive orientale de l'Hydaspe (p. 151). Ce déploiement de forces vous inquiète beaucoup ; vous décidez :

A - de dresser un camp fortifié et d'attendre que Porus prenne l'initiative de traverser le fleuve s'il veut vous combattre ;

B - de traverser le fleuve par surprise et de livrer bataille coûte que coûte ;

C - de rebrousser chemin aussitôt pour aller chercher des renforts dans les villages conquis.

X - Alexandrie de Gédrosie
(près de Port Alexandre, aujourd'hui Karachi)

La plupart des Anciens croyaient que la terre était un disque plat complètement encerclé par un gigantesque fleuve nommé Océan. C'est son rivage oriental qu'Alexandre voulait atteindre. Selon la mythologie grecque, Océan est le premier des six fils d'Ouranos (le Ciel) et de Gaia (la Terre), dont le père de Zeus est le dernier :

A - Sous quel nom désigne-t-on ces six fils ?

B - Quel est le nom du redoutable fleuve des Enfers dont Océan est le père ?

C - Quel est le nom que les Anciens donnaient au bord occidental de l'Océan en souvenir d'un exploit de leur plus grand héros mythologique ?

13 - Les douze autels (juillet 326)

Parvenu au bord d'un fleuve plus large que les autres, vous voulez encore conduire votre armée jusqu'aux limites du monde, sur le rivage de l'Océan où se lève le Soleil (p. 170). Mais vos hommes, épuisés par les campagnes incessantes, refusent désormais de vous suivre. Vous entrez dans une violente colère et, après deux jours de réflexion solitaire, vous donnez l'ordre :

A - d'élever douze autels en l'honneur des dieux de l'Olympe pour marquer les bornes extrêmes de votre empire avant de prendre le chemin du retour avec résignation ;

B - d'exécuter douze soldats tirés au sort dans chaque bataillon pour exiger une obéissance sans faille et de leur faire dresser douze stèles funéraires pour rappeler cet exemple ;

C - de continuer tout seul votre expédition après avoir fait bâtir douze colonnes de marbre pour honorer le Soleil chaque mois de l'année.

14 - La descente de l'Indus (novembre 326)

Tandis que vous descendez vers le sud en suivant le cours de l'Indus, vous êtes poursuivi par une peuplade très belliqueuse de la région (p. 177). Après avoir mis facilement l'ennemi en déroute, vous décidez d'attaquer sa capitale ; pendant l'assaut, vous n'hésitez pas à bondir à l'intérieur des murailles.

A - Pressé de tous côtés par des ennemis farouches, vous ne pouvez résister et vous vous rendez.

B - Vous appelez vos soldats à l'aide et vous réussissez à vous cacher en attendant leur victoire.

C - Accablé par les coups de l'ennemi, vous combattez jusqu'à l'épuisement tout en vous abritant sous votre bouclier. Vos hommes finissent par vous ramener blessé dans votre camp.

XI - Alexandrie de Carmanie (près du détroit d'Hormuz)

Alexandre se flattait d'être le fils du maître de l'Olympe.

A - De qui Zeus lui-même était-il le fils ?

B - Quel est le nom de la sœur de Zeus devenue son épouse légitime ?

C - Quel est le nom de la chèvre qui avait nourri Zeus peu après sa naissance ?

15 - Le voyage de Néarque (325)

Tandis que vous regagnez Babylone par l'intérieur des terres, vous avez envoyé votre fidèle ami Néarque explorer les rivages de l'Océan entre l'Inde et l'embouchure de l'Euphrate (p. 185). Après plusieurs semaines où vous êtes resté sans nouvelle de son expédition, deux hommes hirsutes, amaigris, la peau brûlée par le soleil et les vêtements en lambeaux, se présentent à vous.

A - Persuadé que vos hommes ont disparu et que ces individus méconnaissables sont des imposteurs, vous les faites jeter aux fers.

B - Ému jusqu'aux larmes en reconnaissant Néarque et son second, vous offrez un sacrifice d'action de grâces à Zeus et vous proclamez publiquement votre joie en comblant les deux hommes de cadeaux.

C - Intrigué par l'étrange aspect de ces deux hommes qui veulent vous conduire jusqu'à leur flotte, vous décidez de les accompagner.

16 - La politique de Suse (février 324)

Las de la guerre et des conquêtes, vous souhaitez instaurer une ère nouvelle de paix intérieure pour vous comme pour vos peuples (p. 199) ; vous décidez de manifester votre autorité par un acte exceptionnel :

A - vous organisez une vaste cérémonie de mariage où 10 000 de vos officiers et soldats macédoniens épousent des jeunes filles perses, tandis que vous prenez vous-même pour femme Statira, la fille aînée de Darius ;

B - vous laissez la gestion de votre empire à Néarque et vous vous retirez dans le désert pour y vivre en ermite-philosophe selon les préceptes de Diogène ;

C - vous annoncez la dissolution complète de votre armée et des festivités somptueuses dans chacune de vos villes.

XII - Alexandrie de Susiane (Charax, à l'embouchure du Tigre)

Alexandrie d'Égypte et Babylone comptaient parmi les sept merveilles du monde. Alexandre passa aussi dans deux villes également réputées pour être le lieu de deux autres de ces merveilles :

A - Quel est le nom de la première, célèbre pour son temple consacré à Artémis ?

B - Quel est le nom de la seconde, célèbre pour le tombeau de son roi Mausole ?

C - Dans l'île de Rhodes se trouvait encore l'une de ces sept merveilles : laquelle ?

17 - La maladie à Babylone (juin 323)

De retour à Babylone, vous y avez entrepris de gigantesques travaux de construction et d'assainissement pour en faire une splendide capitale digne de votre empire (p. 202). Mais de funestes présages se multiplient ; au cours d'un banquet, vous êtes saisi d'une violente fièvre.

A - Vos amis, désespérés, interrogent le dieu Sérapis pour savoir s'il faut vous transporter dans son temple.

B - Votre médecin donne l'ordre de vous transporter à Persépolis où se trouvent les médecins les plus réputés de l'empire perse.

C - Alors que vous n'avez même plus la force de parler, vous demandez par signes que tous vos soldats viennent défiler devant le lit où vous êtes étendu.

A comme **Apothéose** (10 juin 323) : vous êtes **A**rrivé !...
Zeus **A**mmon, votre père, vous conduit chez les Immortels où vous retrouvez la divine **A**théna et **A**chille, votre modèle : **A**lexandre entre dans la lumière de la légende et dans les livres d'Histoire, tandis que son corps est enterré à **A**lexandrie d'Égypte avec tous les honneurs dus à un dieu par son général Ptolémée.

LE TEMPS RETROUVÉ

356 : (21 juillet) Alexandre, troisième du nom, fils du roi Philippe II de Macédoine, naît à Pella, la capitale du royaume. Sa mère, la reine Olympias, prétend descendre de la famille d'Achille et son père de celle d'Héraclès (Hercule).

343 : invité par Philippe à sa cour, le célèbre philosophe Aristote surveille l'éducation d'Alexandre (jusqu'en 336).

338 : (1er septembre) Philippe écrase les Grecs coalisés à la bataille de Chéronée où Alexandre se couvre de gloire.

336 : (août) Philippe est assassiné par un officier macédonien ; Alexandre devient roi à vingt ans.

335 : les cités grecques tentent de se soulever contre l'autorité macédonienne. Alexandre prend Thèbes d'assaut, la détruit et vend 30 000 habitants comme esclaves ; mais il épargne Athènes qui se soumet alors sans résistance. À Corinthe, une assemblée le désigne comme chef suprême des forces grecques contre l'Empire perse gouverné par la dynastie des Achéménides.

334 : (printemps) Alexandre traverse l'Hellespont et débarque en Troade avec 40 000 fantassins et 4 000 cavaliers. Après la victoire du Granique (juin), il occupe l'Asie Mineure à marche forcée (Éphèse, Milet, Halicarnasse).

333 : après avoir passé l'hiver à Gordion (voir l'épisode du « nœud gordien »), Alexandre avance à l'intérieur de l'Empire perse ; il bat les troupes de Darius III dans la plaine d'Issos (12 novembre), puis décide de « descendre » vers l'Égypte.

332 : après un siège de sept mois, Tyr est prise en juillet, puis Gaza en octobre ; en décembre, Alexandre est accueilli en libérateur par l'Égypte. Il se fait décerner le titre de « fils d'Ammon », réservé aux pharaons, et ordonne de fonder une nouvelle ville en face de l'île de Pharos qui portera son nom : Alexandrie.

331 : (printemps) Alexandre repart vers la Mésopotamie où Darius a réuni une nouvelle armée ; il met en déroute plus d'un million de Perses dans la plaine de Gaugamèles, près d'Arbèles (1er octobre). Devenu maître des capitales (Babylone, Suze, Persépolis, Pasargades, Ecbatane) et des trésors des Achéménides, il prend le titre de «roi d'Asie».

330 : (juillet) Alexandre accorde des funérailles royales à Darius assassiné par deux de ses satrapes et fait mettre à mort le meurtrier dans le souci d'apparaître comme l'héritier des Achéménides. Sur de faux soupçons, il fait exécuter sommairement ses vieux compagnons Parménion, Philotas et Callisthène.

329 : Alexandre poursuit ses conquêtes vers l'est et crée de nombreuses colonies militaires qui prennent toutes le nom d'Alexandrie. La plupart constitueront de grandes étapes sur les routes des caravanes pour commercer avec l'Extrême-Orient.

326 : (printemps) Alexandre franchit l'Indus et bat l'armée du roi Porus et ses éléphants (été). Son but est d'atteindre le Gange avec l'espoir de trouver au-delà de la limite des terres connues le chemin du retour vers la Méditerranée. Mais ses soldats, épuisés, refusent de continuer ; Alexandre donne alors l'ordre du retour (juillet).

325 : rentré à Babylone, qu'il a choisie comme capitale, Alexandre entreprend l'organisation de son empire avec le désir de réunir les traditions perse et grecque dans une conception universaliste de l'humanité.

324 : (février) pour imposer la réconciliation des peuples, Alexandre fait célébrer les noces de Suze où 10 000 de ses hommes épousent des femmes perses, tandis que lui-même prend pour nouvelle épouse la fille aînée de Darius.

323 : à Babylone, après un banquet, Alexandre est pris d'une fièvre violente et meurt dix jours plus tard (10 juin). Par la suite, son corps est enterré avec les honneurs divins par Ptolémée à Alexandrie d'Égypte. Son fils posthume, proclamé roi sous le nom d'Alexandre IV, mourra assassiné en 310.

COMME UN ROMAN

De son vivant, Alexandre avait déjà tous les atouts pour donner naissance à un mythe : environné de prodiges, quasiment divinisé, il apparaît à son entourage comme un être d'exception venu tout droit de la mythologie, tels Achille, Héraclès ou Dionysos dont il se prétendait lui-même l'héritier. Sa mort dans « la fleur de l'âge » consacre son apothéose : jeunesse, gloire, conquêtes, de quoi fasciner à travers les siècles les modestes rêveurs comme les « conquérants » confirmés, de Jules César qui pleura devant la statue d'Alexandre à Louis XIV, de Napoléon au général de Gaulle qui l'admiraient ! « Le désir, l'appétit de pouvoir, a ceci de caractéristique qu'il fait de celui qui en est saisi un être d'exception. Aussi Alexandre est dans l'histoire l'être réel qui, à l'image d'un dieu ou d'un héros de la mythologie, a pu exercer sa toute-puissance sans frein. Alexandre ne s'est pas embarrassé de barrières morales, il a conquis le monde par le fer et par le feu. [...] La jeunesse émeut, la jeunesse fascine, elle traduit la prédilection du désir par rapport à l'expérience » (propos du psychanalyste Jean-Pierre Winter in *L'Histoire*, n° 188, mai 1995).

La légende s'empare d'autant plus facilement de l'Histoire que les documents authentiques de l'époque même d'Alexandre (littéraires, historiques, archéologiques) sont pratiquement inexistants. « Alexandre était accompagné de nombreux chroniqueurs officiels qui ont fait le récit de ses conquêtes. Mais leurs œuvres ont disparu ; nous n'en connaissons que ce que les auteurs postérieurs en ont cité — ce qui nous donne plus de regrets que d'informations. L'historiographie d'Alexandre date donc de l'époque romaine. Elle est le fait d'auteurs qui écrivent en grec : Arrien (IIe siècle ap. J.-C.), qui a écrit *L'Anabase d'Alexandre le Grand* et *L'Inde*, Diodore de Sicile (Ier siècle av. J.-C.) dont la *Bibliothèque historique* consacre le livre XVII à Alexandre, Plutarque (début du IIe siècle ap. J.-C.), qui, dans ses *Vies des hommes illustres*, met en parallèle celle d'Alexandre et celle de César ; ou en latin : Quinte-Curce (Ier siècle ap. J.-C.) a écrit une *Histoire d'Alexandre* dont nous avons perdu les deux premiers livres. Ce sont les quatre auteurs principaux que tout historien citera lorsqu'il voudra faire, à son tour, l'histoire d'Alexandre » (Pierre Briant in *L'Histoire*, n° 188, mai 1995).

Outre le fait que l'objectivité et le souci de la vérité historique ne sont guère des impératifs pour un « historien » antique, on peut donc comprendre facilement que pour ses biographes, amateurs d'un pittoresque édifiant, la vie d'Alexandre soit racontée « comme un roman » : entre l'épopée homérique et la tragédie grecque, un destin d'exception sous le sceau du divin. Et c'est précisément cette matière « romanesque » qui va donner naissance à l'un des plus anciens « romans » français — le plus ancien même sous sa forme primitive : *Li romans d'Alixandre* (*Le Roman d'Alexandre*), un poème en 16 000 vers mis en forme dans les années 1170 à partir de différents récits déjà populaires par un savant clerc de Paris, Alexandre de Bernay (le bien nommé !), qui inaugure un nouveau type de vers en douze syllabes. Grâce au succès de l'œuvre, ce mètre (mesure du vers comptée en syllabes), baptisé « alexandrin » en l'honneur de son héros, supplante rapidement l'octosyllabe et le décasyllabe pour devenir le vers le plus long et le plus répandu de la poésie et du théâtre classiques français. En voici un exemple pris dans le début du poème :

Oiés dont le premier bonement a loisir.
Ne l'orra gaires hom cui ne doive plaisir,
Ce est du mellor roi que Dieus laissast morir.
D'Alixandre vos veul l'estoire rafreschir.

Écoutez avec bienveillance le début de ce récit !
Il ne pourra que plaire à tous les hommes :
Il parle du meilleur roi que Dieu ait jamais laissé mourir.
Je veux renouveler pour vous l'histoire d'Alexandre.

Vers 8-11 du *Roman d'Alexandre*,
Le Livre de poche, n° 4542, 1994.

À l'origine, le terme « roman » s'applique simplement à toute traduction d'un texte latin en langue « romane », c'est-à-dire la langue « vulgaire » parlée par le peuple ordinaire (en latin *vulgus*), en l'occurrence celui qui ne parle pas le latin classique ; par la suite, il désignera donc naturellement tout récit composé dans cette langue populaire, au sens étymologique du terme, qui constitue l'ancêtre de notre français moderne. Issu de la tradition du poème historique et didactique, rédigé en vers, le « roman » est proche de la chanson de geste. Avec tous les anachronismes habituels, dus à une façon de représenter l'Antiquité sur le modèle de la société féodale du XIIe siècle, il met à la mode les cycles héroïques célèbres dans la littérature gréco-latine, adaptés par l'Antiquité tardive, dont les plus célèbres sont les « romans » de *Thèbes* (le combat fratricide des fils d'Œdipe), d'*Énéas* (les aventures d'Énée), de *Troie* (la guerre de Troie), et, bien sûr, d'*Alexandre*.

Le Roman d'Alexandre est une histoire proprement fabuleuse où se mêlent le merveilleux épique, la féerie mythologique et le faste oriental : palais somptueux, enchantements, amazones, sirènes, filles-fleurs qui naissent de la terre au printemps, fontaine de jouvence, etc. En parfait héros d'épopée, Alexandre lui-même incarne le modèle du preux chevalier, une image traditionnelle au Moyen Âge, mais il s'impose aussi comme un nouveau héros « romanesque » : celui d'un véritable « roman » d'aventures au sens moderne du terme. Son succès littéraire ne se démentira pas : parmi les innombrables œuvres qu'il inspire, citons seulement l'œuvre de jeunesse d'un talentueux dramaturge féru d'Antiquité et promis à la plus grande gloire, *Alexandre le Grand*, tragédie de Jean Racine (1665).

En même temps que se développait ce culte alexandrin en Occident, la légende pénétrait dans le monde islamique et son héros, mentionné dans le Coran sous le nom de Dulcarnain, inspire le fabuleux *Livre d'Iscandar* ou *Aliscandar* (*Iskandarname*) qui compte de nombreuses transcriptions de l'arabe en persan, syrien, turc, hindoustani, et même en javanais et en malais ! La plus célèbre est le poème persan de Nizâmi (mort en 1202), *Iskender-Nâmeh*. Ainsi, pour la tradition persane, Alexandre-Iskandar est un vrai héros national : fils de Darius et de la fille de Philippe (!), il va même en pèlerinage à La Mecque après sa victoire sur Porus. Archétype universel du conquérant devenu apôtre d'une ère nouvelle, il a donc fini par faire un tour du monde mythique et littéraire : descendant par sa mère d'Abraham dans le poème de Nizâmi, ancêtre des souverains de Malacca ou apôtre de l'islam dans les versions malaises, mais encore saint chrétien dans un récit éthiopien ! Il finira même par hanter les rêves de gloire de deux anciens soldats de l'armée des Indes britanniques partis sur les traces de son héritage mythique dans les montagnes du Kafiristan : « Dravot descendait la colline avec son armée et des centaines d'hommes à sa suite, et, ce qui était le plus étonnant, avec une splendide couronne en or sur la tête. “Bon Dieu, Carnehan, me dit-il, c'est une affaire en or, et nous avons conquis tout ce qui en valait la peine dans ce pays. Je suis le fils cadet d'Alexandre et de la reine Sémiramis, et toi, tu es mon frère cadet et un dieu par-dessus le marché. On n'a jamais vu de nos yeux une chose pareille !” » (in *L'Homme qui voulut être roi*, Rudyard Kipling, 1888, cité in *Les Mondes perdus*, Omnibus, Presses de la Cité, 1993).

Sans oublier une ultime consécration : dès la fin du XVe siècle, Alexandre fait son apparition dans les jeux de cartes, immortalisé au rang de roi de trèfle aux côtés de David, César et Charlemagne. Entré dans l'Histoire comme dans un jeu, l'enfant chéri du destin garde le privilège d'une éternelle jeunesse : celle du rêve.

SOLUTIONS

ENFANT PRODIGE (p. III)

	I	II	III	IV	V	VI	VII
A :	0	5	0	10	5	10	0
B :	5	0	10	0	0	5	10
C :	10	10	5	5	10	0	5

VIII : pour chaque réponse A : 10 points
pour chaque réponse B : 0 point
pour chaque réponse C : 5 points

LES LEÇONS DU MAÎTRE (p. VI)

Alexandre	Aristandre	androgyne	Aristote
aristocratie	Diogène	genèse	Philippe
philosophe	sophiste	hippopotame	Mésopotamie
cynocéphale	cynisme	encéphale	Bucéphale
boustrophédon		Hippocrate (cheval + vigueur)	

UNE FAMEUSE MOSAÏQUE (p. IX)

Le mot ☼ est : cheval / chevaux.

A = II :	3	2	5	8	6	10	1	9	4	7
B = V :	6	10	1	8	4	9	3	5	7	2
C = IV :	10	5	7	8	9	2	4	1	3	6
D = I :	6	2	9	4	10	1	5	8	3	7
E = III :	7	4	8	3	5	1	9	10	6	2

ALEXANDROPOLY : CARTES-RÉPONSES

1. A) Vous perdez un temps précieux ; lassés d'attendre, un bon nombre de vos soldats désertent : ☞ vous supprimez 5 000 fantassins et 500 cavaliers de vos effectifs ; vous passez un tour si vous jouez à plusieurs ou vous reculez d'une case si vous êtes seul.

B) L'opération coûte cher en matériel : ☞ vous dépensez 50 000 talents.

C) Vous avez choisi la solution la plus risquée, mais c'est celle qui vous donnera la victoire et un précieux butin pris sur l'ennemi : ☞ vous avez perdu 34 hommes dont neuf fantassins, tués dans la bataille (p. 23), mais vous gagnez 200 000 talents.

I. A) Ilion (⇨*Iliade*)
B) Pâris
C) Agamemnon

2. A) Le grand prêtre est fort récalcitrant ! Pour accepter votre marché, il réclame une très forte somme : ☞ vous payez 100 000 talents.

B) Impossible pour vos hommes de défaire le nœud en tirant dessus ! Furieux, vous les limogez aussitôt : ☞ vous supprimez 100 cavaliers de vos effectifs.

C) Votre coup d'audace vous vaut l'admiration de tous ; le grand prêtre vous offre la récompense destinée au héros capable de réaliser l'oracle : ☞ vous gagnez un coffret contenant 200 000 talents.

3. A) La potion est très efficace et vous êtes vite remis sur pied ; mais il vous a fallu patienter quelques jours, ce qui n'est guère dans votre nature ! ☞ si vous jouez à plusieurs, vous passez un tour, mais chacun des autres joueurs vous donne 2 000 talents pour contribuer à votre guérison. Si vous êtes seul, vous payez 5 000 talents pour vos soins.

B) La moitié de vos hommes profitent de la « promenade » pour filer en cours de route afin d'aller se divertir dans la ville voisine : ☞ vous supprimez 100 cavaliers et 1 000 fantassins de vos effectifs.

C) Les médecins de la région pratiquent des tarifs « royaux » pour accepter de se déplacer : ☞ vous payez 100 000 talents.

4. A) Un vrai désastre ! L'armée de Darius possède une telle supériorité numérique qu'elle vous écrase dans la plaine : ☞ vous perdez la moitié de vos hommes, tués ou faits prisonniers, soit 20 000 fantassins et 2 000 cavaliers.

B) Remarquable choix stratégique ! Les troupes perses sont si lourdes à manœuvrer qu'elles ne peuvent se déployer efficacement entre la montagne et la mer ; votre victoire est totale, Darius en fuite, son armée en déroute : ☞ vous vous emparez de la somptueuse tente de Darius et de ses immenses richesses, le tout évalué à 1 000 000 de talents.

C) Les villageois ont un sens de l'hospitalité très organisé ! vous devez leur payer le logement et la nourriture de toute votre armée : ☞ vous dépensez 100 000 talents.

II. A) Marsyas (p. 25)
B) Midas (p. 26)
C) Hermès (p. 26)

5. A) Catastrophe ! Les Tyriens envoient un vieux bateau enflammé contre la jetée qui prend feu tandis qu'une tempête détruit le reste de ses fondations : ☞ vous avez dépensé 50 000 talents dans la construction et perdu 5 000 fantassins brûlés ou noyés dans le désastre.

B) Vous finirez par vous emparer de la ville et de ses trésors après bien des péripéties, mais le siège durera sept mois : de quoi mettre votre patience à rude épreuve ! ☞ vous gagnez 300 000 talents, mais vous passez deux tours si vous jouez à plusieurs, ou vous reculez d'une case si vous êtes seul.

C) Votre attitude passe pour de la lâcheté et provoque le mécontentement d'une bonne partie de vos hommes qui décident de vous quitter : ☞ vous supprimez 500 cavaliers et 10 000 fantassins de vos effectifs.

III. A) l'île de Pharos (p. 71)
B) *L'Odyssée* d'Homère (p. 71)
C) Cléopâtre

6. A) Votre endurance est bien récompensée : le dieu confirme votre naissance divine et vous fait cadeau d'un sceptre d'or massif en vous promettant la domination universelle : ☞ vous gagnez la valeur du précieux sceptre, soit la somme de 300 000 talents.

B) Vos envoyés sont attaqués et dévalisés en plein désert par une troupe de nomades : ☞ vous perdez 50 000 talents et 100 cavaliers.

C) Le grand prêtre n'accepte l'invitation qu'à grands frais : ☞ vous dépensez 100 000 talents.

IV. A) Aristote (p. 199)
B) le Lycée
C) les Cyniques (p. 14)

7. A) Ravi que vous acceptiez ses offres de paix, Darius vous réclame deux grands coffres d'argent en gage de bonne volonté ! ☞ vous versez 200 000 talents.

B) Conseil désastreux : dans l'obscurité de la nuit, vos soldats n'ont pas le temps de voir les chars ennemis armés de faux qui foncent sur eux et font un terrible massacre dans la phalange : ☞ vous perdez 15 000 fantassins.

C) Votre sommeil est si profond que vos généraux ont beaucoup de mal à vous réveiller, mais la nuit vous a porté conseil et vous avez ainsi trouvé l'inspiration qui vous permet de remporter une victoire éclatante : ☞ pour avoir le temps de vous réveiller, vous passez un tour si vous jouez à plusieurs, ou vous reculez d'une case si vous êtes seul ; mais, dans tous les cas, vous remportez un butin de 500 000 talents et perdez seulement 300 fantassins.

V. A) l'Euphrate (p. 89)
B) Sémiramis (p. 90)
C) Médée (p. 88)

8. A) Vous comprenez bientôt « le danger qu'il y a à laisser vos hommes s'amollir trop longtemps parmi toutes ces délices » (p. 90) et vous repartez en emportant avec vous une grande provision d'or : ☞ vous gagnez 500 000 talents, mais comme vous avez perdu un mois, vous passez deux tours si vous jouez à plusieurs, ou vous reculez de 3 cases si vous êtes seul.

B) Lassée par votre rigueur spartiate, une partie de votre armée se révolte : ☞ vous perdez 5 000 fantassins et 500 cavaliers.

C) Puisque vous avez décidé de mettre un terme à votre expédition pour jouir de votre bonne fortune, il ne vous reste plus qu'à tout recommencer ! ☞ retour à la case départ, sans toucher au trésor qui s'y trouve ; vous repartez avec la quantité de biens dont vous disposez (argent et soldats), mais en perdant toutes les villes que vous avez pu construire.

VI. A) Prométhée (p. 123)
B) Héraklès ou Hercule (p. 125)
C) Héphaïstos (p. 126)

9. A) Votre sens de l'honneur fait l'admiration de tous : vous ne gagnez aucun butin, mais chacun tient à vous remercier de votre magnanimité : ☞ tous vos concurrents vous donnent 20 000 talents, si vous jouez à plusieurs, ou bien vous recevez une récompense de 50 000 talents, si vous êtes seul.

B) Ce n'est que pillage et massacre. Le butin amassé est considérable, mais votre comportement violent vous enlève l'estime de vos compagnons : ☞ vous emportez 2 000 000 de talents, mais pour vous « racheter » d'avoir agi en état d'ivresse vous donnez 100 000 talents à chacun de vos concurrents, si vous jouez à plusieurs, ou bien vous payez une amende de 500 000 talents, si vous êtes seul.

C) Vous devez attendre plusieurs jours avant que les habitants se décident à venir vous apporter une bien modeste partie de leurs trésors ! ☞ vous n'empochez que 50 000 talents, et vous passez un tour si vous jouez à plusieurs, ou vous reculez d'une case, si vous êtes seul.

VII. A) eschatologie
B) Osiris
C) Iskandar

10. A) La cérémonie des funérailles coûte cher, mais votre générosité vous gagne le respect des soldats perses restés fidèles à leur roi vaincu : un grand nombre d'entre eux rejoint votre armée : ☞ vous dépensez 200 000 talents, mais vous rajoutez 100 000 fantassins et 10 000 cavaliers dans vos effectifs.

B) Après avoir payé la récompense, vous vous apercevez que beaucoup de vos hommes, déçus par votre manque de respect envers l'ennemi, vous ont abandonné : ☞ vous payez 100 000 talents et vous enlevez 5 000 fantassins et 500 cavaliers de vos effectifs.

C) Vous devez payer de modestes frais d'enterrement aux villageois : ☞ vous dépensez 10 000 talents.

VIII. A) la dynastie achéménide (des Achéménides)
B) Xerxès Ier (p. 13)
C) Salamine (p. 13)

11. A) Impressionné par votre force de caractère, Clitus finit lui aussi par retrouver son calme ; il tient à vous faire un beau cadeau pour vous prouver son amitié reconnaissante : ☞ vous gagnez 50 000 talents.

B) Au bout de quelques jours, vous finissez par faire libérer Clitus, mais votre colère vous a fait perdre un temps précieux dans le déroulement de votre expédition : ☞ vous reculez à la case 6 où Zeus vous apprendra comment gagner… le calme olympien !

C) Écœurés par votre violence, vos meilleurs officiers décident de vous quitter en emmenant leurs bataillons : ☞ vous perdez 5 000 fantassins et 500 cavaliers dans vos effectifs.

IX. A) Dionysos (p. 143)
B) Thèbes en Béotie (p. 142)
C) Cadmos (p. 142)

12. A) Votre tactique est sans doute dictée par la sagesse, mais elle vous fait perdre beaucoup de temps car Porus n'est guère décidé à mettre ses éléphants à l'eau ! ☞ vous passez 2 tours si vous jouez à plusieurs, ou vous reculez de 3 cases si vous êtes seul.

B) Comme toujours, votre décision est aussi audacieuse qu'efficace ; vous obtiendrez une victoire totale et ferez de Porus votre vassal : ☞ le roi vaincu vous verse un tribut de 500 000 talents, mais vous avez perdu 10 000 fantassins écrasés par les éléphants dans la bataille.

C) Aucun moyen d'obtenir le moindre renfort : les villageois ont tous fui après votre passage ; vous devez revenir jusqu'à Alexandrie du Caucase pour y refaire vos forces : ☞ vous reculez à la case IV.

X. A) les Titans
B) le Styx (p. 125)
C) les Colonnes d'Hercule (p. 199)

13. A) La construction des autels en pierre de taille nécessite du temps et de l'argent ! ☞ vous dépensez 60 000 talents et vous reculez de trois cases.

B) Votre armée ne bronche plus, mais vous avez délibérément sacrifié de courageux soldats dans cette exécution : ☞ vous avez perdu 1 200 fantassins et vous dépensez 12 000 talents pour leurs monuments funéraires.

C) Vous repartez courageusement à l'aventure ; seul, vous avancez plus vite, mais vous n'aurez plus d'armée pour vous soutenir dans les moments difficiles : ☞ vous payez 30 000 talents pour la construction des colonnes, vous avancez à la case XII et vous supprimez tous vos fantassins et cavaliers.

14. A) L'ennemi vous garde prisonnier et exige une forte rançon pour vous rendre la liberté : ☞ vous payez 300 000 talents et vous passez 1 tour si vous jouez à plusieurs, ou vous reculez de 2 cases si vous êtes seul.

B) Beaucoup de vos soldats sont tués en tentant de vous porter secours : ☞ vous perdez 10 000 fantassins et 1 000 cavaliers.

C) Vous êtes sauvé in extremis ; mais, en raison de la gravité de vos blessures, vos soldats vous transportent dans la ville que vous faites construire sur les bords de l'Indus : ☞ vous reculez à la case VI.

XI. A) de Cronos
B) Héra
C) Amalthée

15. A) Lassés d'attendre le retour de leurs chefs que vous avez malencontreusement emprisonnés, tous les soldats de l'expédition décident d'abandonner leur service : ☞ vous perdez 20 000 fantassins et 2 000 cavaliers.

B) Tout à la joie d'avoir retrouvé vos hommes, vous dépensez sans compter tandis que le retour de la flotte vous donne « des ailes » ! ☞ vous payez 200 000 talents et vous avancez de deux cases.

C) Vous finissez par retrouver votre flotte dans le détroit d'Hormuz, mais l'état d'épuisement de ses membres exige que vous leur accordiez du repos dans la ville que vous faites construire non loin de là : ☞ vous reculez à la case IX.

16. A) Vous dotez richement chacun de vos hommes, mais ce mariage est mal accueilli par une grande partie du contingent macédonien qui se révolte contre cette opération de fusion forcée avec l'ennemi : ☞ vous payez 200 000 talents (20 000 talents pour chaque soldat) et vous perdez 20 000 fantassins.

B) Vous vous dépouillez de toute votre fortune, mais vous conservez votre armée, toujours fidèle, ainsi que vos villes : ☞ vous abandonnez tout votre argent sur la case marquée du sceau A.

C) Plus d'armée ! Les fêtes durent une semaine et vous coûtent une fortune : ☞ vous supprimez tous vos effectifs militaires et vous payez : 100 000 talents par *mégalopolis* possédée + 50 000 talents par *micropolis* possédée.

XII. A) Éphèse
B) Halicarnasse
C) le Colosse (énorme statue de bronze qui gardait l'entrée du port de Lindos)

17. A) Les prêtres de Sérapis exigent une très forte somme pour accepter de communiquer la réponse du dieu : ☞ vous payez 100 000 talents.

B) Votre transfert se fait de toute urgence ! ☞ retour à la case 9.

C) Dans l'affliction générale, chacun de vos hommes vous salue et dépose à vos pieds une offrande de 100 talents pour prier les dieux de vous guérir : ☞ vous recevez la somme de 100 talents multipliée par le nombre de soldats dont vous disposez à ce moment-là (fantassins + cavaliers).

XVII

LA FIN DE DARIUS

Tandis qu'Alexandre occupait la Perse et détruisait la ville qui avait été, pendant des siècles, la capitale de tout l'Orient, Darius s'était retiré en Médie ; il était entré à Ecbatane, et méditait de passer ensuite dans la province de Bactriane. Il se disait que, peut-être, Alexandre, à force de victoires, finirait par être rassasié et qu'il mettrait un terme à ses conquêtes.

Mais Alexandre ne semblait nullement disposé à s'arrêter. La rapidité avec laquelle il avait occupé la Perse laissait prévoir le pire. Aussi Darius décida-t-il de tenter une fois encore une bataille, qui serait enfin décisive. Il avait avec lui des troupes qui n'étaient pas négligeables : trente mille fantassins, parmi lesquels quatre mille mercenaires grecs, demeurés fidèles au roi à qui ils avaient prêté serment. Il y avait aussi plus de quatre mille archers et frondeurs, et trois mille trois cents cavaliers placés sous les ordres de Bessus, le gouverneur de Bactriane, qui était avec Darius. Assurément, cette armée n'était pas comparable aux immenses foules que le roi avait opposées à Alexandre, au début de la campagne. Mais elle suffisait pour que tout espoir ne fût pas perdu.

Lorsque Darius sut, de source sûre, qu'Alexandre se préparait à le poursuivre après l'incendie de Persépolis, il rassembla le conseil de ses officiers et leur dit :

— Je sais que vous tous, qui êtes mes compagnons d'infortune, vous placez au-dessus de tout le sentiment de l'honneur ; sans quoi, vous ne seriez pas aujourd'hui avec moi ; vous seriez, comme tant d'autres de mes anciens serviteurs, au nombre des courtisans d'Alexandre. Sachant que je puis compter sur votre dévouement, j'ai décidé de tenter, une fois encore, la fortune des armes, d'arrêter cette fuite qui nous a entraînés presque jusqu'aux limites de mon empire, et de demander aux dieux de décider, entre Alexandre et moi. De toute façon, nous obtiendrons la liberté : si nous sommes victorieux, nous retrouverons richesses, puissance et gloire ; si les dieux se déclarent contre nous, c'est la mort qui nous délivrera. Je vous demande de ne pas vous montrer indignes des Perses d'autrefois, qui ont envahi la Grèce, forcé les ancêtres du Macédonien à leur payer tribut, et établi leur empire sur toute l'Asie. Moi-même, je ne vous ferai pas défaut sur le champ de bataille, mais je combattrai jusqu'à mon dernier souffle.

En l'écoutant, les officiers perses se sentaient saisis de crainte. Ils avaient conservé un très mauvais souvenir de leurs précédentes rencontres avec les soldats d'Alexandre. Beaucoup n'étaient pas dépourvus de courage, mais la longue suite de catastrophes, qui s'étaient abattues sur Darius, leur avait enlevé tout espoir. Aussi tous restèrent-ils silencieux. Personne n'osait donner un avis. Enfin, après un long silence, le plus ancien des officiers, Artabaze, dit d'un ton résigné :

— Allons donc revêtir nos plus beaux vêtements et nos armes les plus précieuses et suivons le roi au combat, prêts à mourir, s'il le faut, pour sauver au moins l'honneur.

Ces paroles résignées ne faisaient pas plaisir aux autres dignitaires, mais il n'était guère possible de trouver une autre solution. Et chacun approuva.

Or, il y avait, dans le conseil, deux hommes qui, eux, avaient d'autres projets. C'étaient le commandant de la garde, nommé Narbazanès, et Bessus, le gouverneur de la Bactriane. Tous deux s'étaient entendus, au cours de longues conversations, pour s'emparer de Darius et le garder prisonnier : si Alexandre les poursuivait ils auraient ainsi, pensaient-ils, entre les mains un otage précieux, qu'ils pourraient échanger contre les avantages que, dans leur esprit, ne manquerait pas de leur reconnaître Alexandre, pour les payer de leur trahison. Si, au contraire, Alexandre leur laissait du répit, ils tueraient Darius et prendraient sa place pour organiser la résistance. Tous les officiers présents au conseil, donc, s'étaient rangés à l'avis d'Artabaze, lorsque Narbazanès prit la parole :

— Je sais, ô Roi, dit-il, que la proposition que je vais faire te semblera déplaisante ; mais lorsque le malade est en grand danger, les médecins ont coutume d'avoir recours aux moyens les plus énergiques et les plus douloureux pour leur patient. Lorsque le navire risque d'être englouti par la tempête, il n'est pas rare que le pilote demande qu'une partie de la cargaison soit jetée par-dessus bord. Le conseil que je te donne aujourd'hui est le suivant : il est certain que jusqu'ici, dans cette guerre, les dieux se sont montrés contre nous. Tous les hasards ont été du côté de notre adversaire, qui a eu, chaque fois, la Fortune à son service. Il faut que l'empire perse change un moment de maître, puisque celui qui le dirige actuellement n'a pas la faveur des dieux. Accepte pour quelque temps, ô Roi, de te désigner un successeur, qui n'ait de la royauté que le titre, et seulement jusqu'au jour où les envahisseurs auront été repoussés. À ce moment-là, tu reprendras ton titre et ton pouvoir. Et ce jour-là ne tardera guère. Tu as encore une province intacte, qui est la Bactriane, et d'autres royaumes qui sont prêts à te fournir des soldats. Les ressources qui nous restent sont au moins égales, sinon même supérieures à celles qui sont épuisées. Pourquoi jeter dans la balance, d'un seul coup, ce qui nous reste ? Pourquoi faire front, comme des bêtes traquées cernées de toutes parts, et auxquelles la meute a coupé toute retraite ? Il sera toujours temps de mourir si tout espoir est un jour perdu. Il y a parfois plus de courage à continuer la lutte avec patience qu'à se précipiter dans la mort ! Je suis d'avis que nous poursuivions notre route jusqu'en Bactriane. Là, tu donneras la royauté au gouverneur de cette province, et, lorsque nous aurons la victoire, il te rendra ton titre et ton pouvoir, à toi, qui es le roi légitime.

Darius, à ce discours, fut saisi de colère.

— Vil esclave ! lui dit-il. Tu as attendu ce moment pour essayer de m'achever ? Tu ne veux plus de moi pour ton roi !

Et, tirant son épée, il se jeta sur Narbazanès. Il l'aurait infailliblement tué si Bessus et les autres officiers bactriens ne s'étaient précipités à ses pieds et ne l'avaient entouré, sous prétexte de le supplier, mais, en fait, pour gêner ses mouvements. Ce qui laissa à Narbazanès le temps de quitter la tente où se tenait le conseil et de chercher un refuge au milieu de la garde, toute dévouée à son chef.

Cependant, au conseil, Darius continuait à s'entretenir avec les officiers qui étaient restés sur place. Artabaze s'employa à le calmer, lui faisant observer qu'Alexandre approchait et que ce n'était guère le moment de laisser la discorde s'installer dans leur camp. Il lui représenta que Narbazanès était, selon toute apparence, animé des meilleures intentions, et que le roi devait supporter avec patience les sottises ou les erreurs d'hommes qui étaient ses sujets. Darius n'était pas un mauvais homme, et il se rangea aux raisons de son vieil ami Artabaze. Mais, au fond de lui-même, il était inquiet et toute cette affaire lui semblait pleine de menaces. Plus découragé qu'il ne l'avait jamais été, même lorsqu'il s'enfuyait du champ de bataille après la défaite, il se retira tout seul sous sa tente et ne donna pas l'ordre de reprendre la route.

Privés d'ordre, les soldats ne savaient que faire. Chacun demeurait avec ses compagnons, anxieux, et les différents contingents commençaient à se séparer. Les mercenaires grecs reçurent de leur chef, nommé Patron, l'ordre de se tenir en armes, prêts à toute éventualité. Les soldats originaires de Perse s'étaient groupés et attendaient. Ceux de Bessus étaient les plus confiants. Ils se tenaient autour de leur chef, prêts, au moindre signal, à abandonner les autres pour revenir dans leur patrie.

Artabaze, voyant que Darius ne paraissait point, commença de remplir à sa place les devoirs d'un chef d'armée. Il alla voir les différentes unités, s'attachant tout particulièrement aux Perses, et leur donnant des conseils, s'assurant qu'ils ne céderaient pas aux suggestions de Bessus, qui cherchait à les détacher du roi. De plus il finit, à force de prières, par obtenir que Darius consentît à prendre quelque nourriture et s'intéressât un peu à ce qui se passait.

De leur côté, Bessus et Narbazanès se rendaient bien compte que le moment décisif était arrivé. Les paroles imprudentes du second, au conseil, avaient déclenché une crise qu'il n'était plus en leur pouvoir d'arrêter. Et plus ils sentaient l'imminence du danger, plus ils éprouvaient un désir irrésistible de s'emparer du pouvoir. Ils voyaient bien que, dans l'ensemble, les soldats de Darius lui restaient fidèles. Même dans le malheur, ils ne consentiraient pas à l'abandonner. Et, d'autre part, ils se rendaient compte aussi que Darius n'avait plus en lui-même l'énergie nécessaire pour continuer la lutte. Et cela les enrageait de savoir que toutes les ressources de la Bactriane, ses richesses, la foule de ses hommes valides, allaient passer sans combat au pouvoir d'Alexandre. Ils résolurent donc de frapper un grand coup : arrêter le roi, le garder prisonnier, et envoyer un messager à Alexandre pour lui faire savoir qu'ils étaient prêts à lui livrer Darius.

Mais leur décision prise, ils n'en étaient pas moins dans un grand embarras. Comment s'emparer du roi sans s'attirer la colère des milliers de soldats perses qui demeuraient obstinément fidèles à Darius ? Et n'avaient-ils rien à redouter non plus des mercenaires grecs ? Il était nécessaire de ruser. Et pour cela, il fallait rentrer en grâce auprès de Darius, ou du moins en donner l'illusion.

Or, à ce moment, Artabaze, qui désirait par-dessus tout ramener la concorde, vint les avertir que Darius était apaisé et leur conservait son amitié. Les deux complices répandirent force larmes, et prièrent Artabaze de se faire leur interprète auprès de Darius, de lui dire qu'ils n'avaient eu aucune mauvaise intention, et qu'ils n'avaient songé, en lui donnant ce conseil, qu'à mieux assurer le salut commun. Artabaze les quitta fort tard et promit de faire ce qu'ils lui demandaient.

Le lendemain matin, Bessus et Narbazanès se présentèrent de bonne heure à la tente de Darius, avec des soldats originaires de Bactriane, sous prétexte de saluer le roi. Lorsque Darius parut, tous se prosternèrent devant lui et, par leurs larmes et leurs prières, lui arrachèrent son pardon. Cela fait, le roi donna le signal du départ et l'on se mit en route.

Bessus et Narbazanès, comme s'ils avaient été joyeux d'avoir été pardonnés, ne quittèrent pas le char du roi. Pendant la route, ils se tenaient auprès de lui, comme pour mieux le protéger, mais, en réalité, pour le tenir à leur merci. Cependant Patron, le chef des mercenaires grecs, avait ordonné à ses hommes de prendre leurs armes — qui, en général, pendant les marches, étaient transportées avec les bagages — et de demeurer en alerte. Lui-même ne s'éloigna guère non plus du char royal, qu'il ne quittait pas des yeux. Darius s'en aperçut et lui fit demander par un serviteur s'il avait quelque chose à lui dire. Et lors de la première halte, Patron et le roi s'entretinrent sans témoin — car Darius, depuis longtemps, parlait le grec et le comprenait parfaitement.

— Roi, dit Patron, sur les cinquante mille mercenaires grecs que nous étions au début de la guerre, il n'en reste plus que trois mille. Mais nous te sommes tous fidèles. Au nom de cette loyauté que nous te gardons dans toutes tes épreuves, viens chercher refuge auprès de nous. Je te prie, je te supplie de faire route dorénavant au milieu de nous, d'installer ta tente parmi nous. Tu es notre seul espoir. Pour toi, nous avons renoncé à notre patrie, où l'on nous considère comme des traîtres. Nous n'avons aucun pays où nous réfugier. Nous n'avons pas de Bactriane qui nous attende. Et je voudrais qu'il en fût de même pour tous les tiens.

Bessus, qui les voyait de loin s'entretenir sans témoin, sans le secours d'aucun interprète, se douta bien de quoi il s'agissait. Mais le visage de Darius n'exprimait aucune crainte. Et Bessus ne savait que penser. Lorsque Patron quitta le roi, le traître fut sur le point de se précipiter sur Darius et de le tuer sur-le-champ, mais il réfléchit qu'Alexandre, qui avait toujours témoigné le plus grand respect à la famille de Darius, ne pardonnerait pas à ses assassins ; et il remit au lendemain de faire ce qu'il méditait.

Darius, d'ailleurs, ne sembla pas avoir changé d'attitude à l'égard des deux traîtres. La prière de Patron l'avait touché, certes, mais il n'avait pas voulu suivre son conseil. Il avait répondu qu'il ne doutait pas du loyalisme des troupes grecques, mais que, si ses propres soldats et ses compatriotes ne voulaient plus de lui comme roi, il se résignerait à son sort. Apparemment, l'énergie du roi était brisée par tant de revers, et il ne trouvait plus en lui-même le courage de poursuivre la lutte. Lorsque Bessus, après le départ de Patron, commença à insinuer au roi que les mercenaires grecs n'étaient pas sûrs, qu'ils avaient trop intérêt à le perdre pour rentrer en grâce auprès de leurs compatriotes, Darius le laissa dire. Et, comme l'autre se défendait de songer à un complot — avec la maladresse qu'inspire souvent une mauvaise conscience —, Darius lui répondit seulement qu'il connaissait Alexandre et que ce serait un mauvais calcul que d'espérer obtenir de lui le prix d'une trahison. Personne, il en était sûr, ne mettrait plus d'énergie à punir les coupables.

Sur ces entrefaites, le soir était venu et l'on arrivait à l'étape. Comme à l'ordinaire, tous les soldats déposèrent leurs armes et s'égaillèrent dans la campagne pour trouver à manger. Seuls les Bactriens, sur l'odre de Bessus, demeurèrent groupés, en armes, et menaçants.

Darius, cependant, était à l'intérieur de sa tente ; et, bientôt, il fit venir Artabaze et lui confia ce que lui avait dit Patron. Artabaze, sans hésiter, lui conseilla de passer dans le camp des Grecs, ajoutant que les

Perses se joindraient à lui dès qu'ils le sauraient en danger. Mais, cette fois encore, Darius refusa d'écouter ce conseil. Il embrassa Artabaze, et tous deux pleurèrent longuement. Puis il lui dit de le quitter et, lorsque son ami fut parti, il se couvrit la tête de ses vêtements et se jeta sur le sol. Les gardes, qui avaient compris ce qui se passait, s'étaient déjà dispersés, car ils ne pouvaient songer à lutter contre la foule des Bactriens.

Le roi était tout seul, bien seul, sous sa tente. Quelques serviteurs de sa maison erraient encore autour de lui, mais ils ne savaient que faire. Au bout d'un long moment, Darius sortit de son immobilité et appela son serviteur favori. Lorsque l'autre se fut approché, il lui dit :

— Partez, toi et tes camarades. Je vous suis témoin que vous êtes restés avec moi jusqu'au bout. Moi, j'attends ici mon destin. Ne t'étonne pas que je ne cherche pas de moi-même à mettre un terme à ma vie. Si quelqu'un doit être criminel, je ne veux pas que ce soit moi.

À ces paroles du roi, le serviteur se mit à pousser des lamentations, comme on le fait lorsque quelqu'un est mort. Il gémissait et hurlait si fort que tout le monde l'entendit dans le camp. D'autres serviteurs se précipitèrent et joignirent leurs gémissements aux siens, déchirant leurs vêtements, se couvrant les cheveux de poussière, si bien que les soldats crurent que le roi s'était donné la mort. Les Perses ne savaient que faire ; leur premier mouvement fut de s'élancer vers la tente du roi, mais comme ils n'avaient pas d'ordre et que leurs officiers les retenaient, dans l'ignorance où ils étaient de ce qui s'était réellement passé, ils finirent par rester sur place.

Cependant, des Bactriens vinrent dire à Bessus et à Narbazanès que Darius s'était suicidé — car les gémissements et les lamentations des serviteurs du roi les avaient induits en erreur. Les deux complices, tout heureux, se hâtèrent d'accourir chez le roi. Là, les serviteurs les détrompèrent et leur dirent que Darius vivait encore. Alors, n'hésitant plus, ils le firent enchaîner par leurs hommes. Et, sans plus attendre, Bessus commença par piller le trésor royal ; puis il fit placer Darius sur un chariot destiné d'ordinaire à transporter les bagages, et la nuit n'était pas achevée lorsque les Bactriens se mirent en route pour leur pays, emmenant Darius enchaîné.

Quelques Perses se groupèrent autour d'Artabaze, ainsi que les mercenaires grecs. Les autres, alléchés par les promesses de Bessus et surtout parce qu'ils n'avaient plus d'autre chef, se joignirent aux Bactriens. Et la colonne en retraite, de nouveau s'allongea sur la route de la Bactriane. Pour que nul ne sût où était le roi, on recouvrit le chariot qui le transportait de bâches sordides et l'on donna, pour guider l'attelage, des conducteurs qui ignoraient ce que contenait le chariot. Assez loin, par-derrière, suivaient des gardes qui ne le perdaient pas de vue.

Bientôt des nouvelles commencèrent à parvenir à Alexandre. Il apprit d'abord que Darius et ses troupes avaient quitté Ecbatane, puis qu'il s'enfuyait vers Bactres. Enfin l'un des serviteurs de Darius, qui s'était enfui au moment où Bessus avait arrêté son maître, lui donna des informations plus sûres. Il apprit à Alexandre que Darius était en danger d'être assassiné et que, de toute façon, Bessus le retenait prisonnier.

Alexandre, alors, convoqua ses généraux. Il leur fit part de ce qu'il venait d'apprendre et leur demanda de se hâter : le but tant attendu était presque atteint. Darius en leur pouvoir, tout son empire était à eux ; mais il fallait faire vite et tenter de le sauver, s'il en était temps encore. Chacun promit à Alexandre de faire de son mieux, et l'on se mit en route, suivant l'armée perse à la trace. À force de marcher jour et nuit, sans aucun repos, l'on parvint au village où Bessus s'était emparé de la personne de Darius. Là, se présentèrent deux Perses, qui avaient accompagné quelque temps Bessus, mais avaient fini par le quitter par horreur de ce qu'il avait fait. Ces deux transfuges firent connaître à Alexandre l'endroit où campaient les Bactriens, et lui enseignèrent un raccourci pour les rejoindre. Alexandre, alors, ne se tint plus d'impatience. Avec seulement quelques cavaliers, il se précipita à bride abattue et bientôt il aperçut le nuage de poussière que soulevait l'armée en retraite. De leur côté, les soldats de Bessus l'avaient vu ; et comme ils étaient infiniment plus nombreux que les hommes d'Alexandre, ils n'auraient eu aucun mal à résister. Mais, frappés de terreur par l'arrivée soudaine de l'ennemi, ils ne songèrent pas à combattre. Bessus et ses complices vont trouver Darius et l'invitent à monter à cheval pour s'enfuir avec eux. Darius, levant sur eux un regard méprisant, leur répondit qu'il ne voulait nullement les accompagner, et qu'Alexandre serait son vengeur. Ce qui exaspéra les traîtres : se jetant sur le roi, ils le percèrent de leurs poignards et le laissèrent pour mort. Ils tuèrent aussi deux serviteurs de Darius, qui avaient tenté de protéger leur maître, et blessèrent les mulets qui traînaient le chariot, pour les empêcher d'aller plus loin. Et chacun s'enfuit comme il voulut.

Bessus et les principaux officiers disparus, les soldats ne se soucièrent pas de combattre. Eux aussi se dispersèrent dans toutes les directions. Ceux qui résistèrent furent aisément maîtrisés par l'escorte d'Alexandre, qui fit un nombre considérable de prisonniers, un nombre plus considérable même qu'Alexandre n'avait de soldats avec lui. Alexandre, lui, allait de chariot en chariot et cherchait Darius. Il fut longtemps avant de le trouver, car les mulets, blessés par Bessus et ses complices, s'étaient encore traînés jusqu'à quelque distance et, accablés de chaleur, épuisés par leurs blessures, avaient fini par s'abattre auprès d'une source. Et c'est un soldat macédonien, en quête d'eau, qui finit par remarquer cet attelage sanglant. Il s'approcha, écarta les toiles qui recouvraient le chariot et aperçut à l'intérieur Darius, encore habillé des vêtements royaux et portant aux chevilles et aux poignets des entraves d'or — comme si ses bourreaux avaient au moins voulu lui laisser ce souvenir de sa magnificence passée. Lorsqu'il vit le soldat, Darius, qui respirait encore malgré ses blessures, lui fit signe d'approcher et lui demanda à boire. Le Macédonien alla emplir son casque à la fontaine, et le lui tendit. Darius but longuement puis, d'une voix faible, si faible que le soldat dut se pencher vers lui pour l'entendre, il lui dit :

— Soldat, tu me vois ici au terme de mes infortunes. Et la plus grande est que je ne puis te récompenser de ta bonté envers moi. Ce n'était pas ainsi autrefois ! Mais Alexandre saura te remercier. Toi, de ton côté, dis-lui que je lui suis reconnaissant de la façon dont il a traité ma mère, ma femme et mes enfants.

Puis il serra la main du soldat et rendit l'âme.

Lorsque Alexandre eut été prévenu, il se hâta d'accourir, mais il était trop tard. Le spectacle de Darius étendu sans vie le bouleversa. Il jeta son propre manteau sur le cadavre. Puis il donna l'ordre de ramener le corps à Suse, où se trouvait la mère du roi, et de lui faire des funérailles dignes d'un roi.

XVIII

EN MARCHE VERS LE CAUCASE[1]

Alexandre n'avait jamais perdonné à Bessus le meurtre de Darius, et il désirait plus que tout lui faire expier son crime. Aussi, bien que son principal ennemi fût mort, et qu'il fût devenu lui-même maître de tout l'Empire perse, il n'en continua pas moins sa marche vers la Bactriane où, lui disait-on, s'était réfugié Bessus. Il dut toutefois, avant d'aller plus loin, réprimer une conjuration formée parmi ses propres officiers, dont certains étaient las de poursuivre éternellement des conquêtes dont ils n'avaient pas le temps de jouir.

Parmi les conjurés — ou du moins les accusés — figurait le jeune Philotas, l'un des amis les plus chers au roi, et le fils de son vieux camarade Parménion, dont il avait fait le gouverneur de Médie. Il ne s'agissait rien de moins que de tuer Alexandre et de se partager les provinces conquises. Comme il arrive, l'un

1. Le Caucase est une chaîne de montagnes entre la mer Noire et la mer Caspienne (voir carte, pp. XII-XIII). Mais les Grecs appelaient aussi « Caucase » la chaîne des monts Paropamisos, aujourd'hui l'Hindoukouch, où Alexandre fonda son Alexandrie dite « du Caucase » (au nord de la moderne ville de Kaboul, capitale de l'Afghanistan).

des conjurés fut trop bavard : un mot imprudent fut rapporté à Alexandre, et l'affaire éclata au grand jour.

Tout désignait Philotas comme le principal coupable ; mais le jeune homme nia longtemps. Selon la coutume macédonienne, il fut mis à la torture et, finalement, le corps déchiré, les membres brisés, il avoua, ajoutant qu'il avait obéi aux instructions de son père. Il était si mal en point que les bourreaux exécutèrent un mourant. Ce supplice répandit la terreur dans l'armée, et tous les officiers qui avaient été les amis de Philotas tremblèrent d'être suspectés à leur tour. Mais Alexandre, satisfait sans doute d'avoir découvert le complot et supprimé celui qu'il en considérait comme le principal instigateur, sut pardonner ; et pour mieux s'assurer la fidélité d'un des suspects, l'un de ses compagnons nommé Polydamas, il le fit appeler et lui dit en secret :

— Philotas n'était, peut-être ne l'ignores-tu pas, que la main qui devait me frapper. Mais le véritable auteur du complot est son père, Parménion, que j'ai comblé de mes bienfaits et qui gouverne actuellement la Médie en mon nom. Je te charge de le punir. Pars en Médie ; je te donnerai des lettres pour les officiers qui commandent sous ses ordres. Arrive avant la nouvelle de l'exécution de Philotas. Dès que tu seras là-bas, ouvre la lettre que je te donnerai et exécute les ordres. Ensuite, reviens me rendre compte de ce que tu auras fait.

Polydamas promit tout ce que l'on voulut et, dès le lendemain à l'aube, partit pour Médie. On lui donna pour compagnons deux guides arabes qui, en moins de dix jours, le conduisirent auprès de Parménion. Il arriva en pleine nuit et, sans plus tarder, fit remettre à leurs destinataires les lettres dont l'avait chargé le roi.

Dès le matin suivant, tout le monde se retrouva chez Parménion. Celui-ci avait pour résidence le palais de l'ancien gouverneur de Darius et, selon la mode du pays, ce palais était entouré d'un grand jardin, ou plutôt d'un parc, planté d'arbres ; là, se promenait Parménion.

Lorsque Polydamas arriva, Parménion était déjà entouré d'un groupe d'officiers d'Alexandre, qui avaient reçu directement du roi l'ordre d'assassiner leur chef. Parménion, voyant arriver Polydamas, fut rempli de joie — car il ignorait tout ce qui s'était passé à l'armée. L'autre lui remit sans plus tarder la lettre d'Alexandre et, tandis qu'il la lisait, un officier lui perça la gorge de son épée.

Les soldats qui gardaient le palais, et qui étaient fort attachés à Parménion, dès qu'ils apprirent cette exécution, menacèrent de faire un mauvais parti aux meurtriers. Il fallut leur lire une lettre d'Alexandre, dans laquelle le roi dénonçait le complot et demandait aux soldats leur secours contre les coupables. Alors les soldats se résignèrent, mais d'assez mauvais gré. On ne put leur refuser de faire à Parménion des funérailles solennelles ; et lorsque Polydamas quitta la Médie pour retourner vers Alexandre, il laissait derrière lui une partie de l'armée mécontente et ne sachant trop que penser.

Ce mécontentement aurait pu être dangereux pour le roi, mais, très habilement, Alexandre sut prendre les mesures nécessaires pour y parer. Ses espions lui donnèrent les noms des soldats qui avaient trop ouvertement déploré la mort de Parménion. Il les convoqua et les groupa dans une unité distincte, qu'il obligea à camper à part des autres comme s'il se défiait d'elle. Les soldats ainsi marqués eurent à cœur d'effacer les soupçons du roi et, dans les combats, se distinguèrent de façon toute particulière. En peu de temps, tout rentra dans l'ordre : l'habileté d'Alexandre, son art de commander aux hommes, sa chance aussi, lui avaient permis de faire face à une crise qui aurait pu se révéler fort dangereuse pour lui.

Ces affaires une fois réglées, Alexandre put enfin se mettre en marche pour poursuivre Bessus. Bientôt il pénétrait dans un pays étrange, habité par un peuple que l'on appelait les Paropamisades [1], et que leurs voisins eux-mêmes connaissaient fort mal. Ce peuple était presque complètement sauvage et le climat de leur pays était le plus rude et le plus déplaisant qu'il eût été donné jusque-là aux Macédoniens de rencontrer. Ce pays, en effet, s'étend vers le Nord, et il est presque constamment recouvert de frimas. Les étés n'y sont jamais chauds, et, l'hiver, la neige et le gel recouvrent le sol d'une couche épaisse. Naturellement, le sol, dans ces conditions, ne donne que peu de récoltes et l'on n'y voit point de bois. Aussi les habitants sont-ils obligés de construire leurs maisons entièrement en terre séchée, dont ils forment des briques. Les toits, même, sont en brique : la maison est large à la base et se rétrécit à mesure qu'elle monte, à la façon d'une coque de bateau renversée. L'intérieur est entièrement voûté. Pendant la mauvaise saison, les habitants demeurent cachés dans ces tanières et attendent le retour du soleil.

L'armée d'Alexandre pénétra dans ce pays singulier en plein hiver. Partout, régnait une demi-obscurité qui rendait la marche singulièrement pénible. Nulle part l'on ne trouvait de ravitaillement. Pas de blé, pas de fruits, rien que des immensités glacées et le désespoir. Les soldats marchaient tout le jour et, le soir venu, devaient bivouaquer sans feu, parfois

1. Du nom des montagnes où ils vivaient (voir note, p. 119).

sans pain. Beaucoup avaient les pieds gelés quand ils tentaient, au matin, de reprendre leur marche ; certains, qui s'étaient couchés, épuisés, à même la glace, ne pouvaient se relever. Une torpeur irrésistible les envahissait, et leurs camarades étaient obligés de les soutenir par les bras et de les contraindre à marcher. Au bout de quelques instants la circulation du sang se rétablissait, et ils revenaient à eux, mais affaiblis, sans courage, et priaient leurs amis de les laisser mourir. Le roi, au milieu de ces difficultés, était partout. Il ralliait les traînards, encourageait les hésitants, aidait parfois, de sa main, un éclopé ou un blessé. On avançait dans un brouillard opaque, qui permettait à peine de distinguer le jour de la nuit. Les cabanes des habitants, à demi dissimulées dans des replis de terrain, ne se signalaient que par la fumée des foyers. Lorsqu'ils avaient la chance de rencontrer un village, les soldats pouvaient au moins passer une nuit à l'abri ; mais pareille chance était rare et, le plus souvent, il fallait demeurer en plein air en attendant la faible clarté annonçant le retour du matin.

Enfin, après huit longues journées et huit nuits, plus interminables encore, l'on parvint dans un pays plus civilisé, où l'on trouva des vivres convenables, ainsi que la lumière d'un vrai soleil. Alexandre fit installer un camp et, pendant deux jours, l'on accueillit les retardataires qui s'étaient égarés sur la route.

Les soldats bien reposés, l'armée continua sa marche en direction du Caucase. Et, un beau jour, elle se trouva devant un rocher au-dessus duquel planaient des aigles ; et le roi avertit ses hommes que c'était l'endroit où, autrefois, Zeus avait enchaîné Prométhée[1].

1. Voir in *Contes et légendes mythologiques*, parus dans la même collection.

Tous les Grecs connaissaient cette légende. Mais il y avait dans l'armée des hommes recrutés en pays barbares, et qui l'ignoraient. Et voici ce que leur apprirent leurs camarades.

Autrefois, il y avait bien des siècles, les dieux créèrent les hommes ; mais ils ne leur enseignèrent pas l'usage du feu, qu'ils se réservaient pour eux-mêmes. Aussi les hommes devaient-ils se contenter de nourritures crues et, l'hiver, traînaient une vie misérable, dans l'obscurité et dans le froid. Pas de lumière lorsque la nuit tombait ; pas de lampe, pas de foyer autour duquel l'on aimât à veiller. Sur les autels des dieux ne montaient pas la fumée appétissante des sacrifices, l'odeur des viandes grillées, dont se réjouissent à l'avance les assistants, sachant bien que les meilleurs morceaux leur reviendraient tout à l'heure. Misérable était la condition des hommes. Mais les dieux ne s'en souciaient guère car ils avaient, eux, en partage, le ciel toujours serein du mont Olympe, et là-haut passaient leur temps à des banquets sans fin. Pourtant, il y avait parmi les immortels un parent éloigné du Roi des Dieux, qui avait pitié des hommes. Bien des fois il avait adressé à Zeus, le maître souverain, des reproches respectueux et l'avait engagé à tirer les Mortels de leur misère. Mais jamais Zeus n'avait consenti à écouter ses conseils.

Or il arriva qu'un jour Prométhée, las de parler en vain, monta jusqu'au plus haut du ciel et déroba une étincelle de feu au char enflammé du Soleil. Il enferma cette étincelle dans un roseau dont la moelle sèche, en se consumant lentement, garda en elle la semence de la flamme. Puis, aussi vite qu'il put, il redescendit sur la Terre et enseigna aux Hommes à allumer du feu. Il leur enseigna aussi à conserver sous la cendre des tisons ardents que l'on ranime, au matin, avec des brindilles.

Bientôt, les hommes apprirent les usages de ce présent divin ; on les vit se grouper autour des feux, organiser en commun des banquets, chanter des hymnes aux dieux. Avec les premiers feux vinrent les longues veillées, et les premiers villages.

Peu à peu, grâce à Prométhée, les Humains sortaient de leur longue sauvagerie, et leur bienfaiteur se réjouissait de son œuvre. Mais il ne s'en réjouit pas longtemps, car Zeus ne tarda pas à apprendre son larcin et entra dans une grande colère. Et avant d'avoir compris ce qui lui arrivait, le pauvre Prométhée se trouva pieds et poings liés et enchaîné par des chaînes de fer sur la plus haute cime du Caucase. Et, ce qui était le pire, un vautour monstrueux s'abattit sur lui et se mit en devoir de lui dévorer le foie.

Or Prométhée était immortel, et, par conséquent, son supplice ne pouvait pas avoir de fin. Le foie dévoré renaissait sans cesse, et avec lui la douleur. Et Zeus, dans sa colère, avait juré par le Styx — ce qui est le serment le plus solennel que puissent prononcer les dieux — que jamais Prométhée ne serait délié du lieu de son supplice ; que toujours des liens de fer l'attacheraient au rocher du Caucase.

Pendant des siècles, Prométhée souffrit de la sorte ; ni jour ni nuit, il n'avait de repos. Insatiable était le vautour ; inlassablement renaissait ce foie maudit, à mesure que l'oiseau le déchirait. Mais il arriva que, contre tout espoir, vint le jour de la délivrance. Et voici comment.

Zeus avait eu un fils avec une femme mortelle, et ce fils, à qui l'on avait donné le nom d'Héraclès — nous lui donnons, nous, celui d'Hercule — parcourait la terre entière, acharné à détruire les monstres et à consoler tous les malheureux. Le hasard de ses courses l'amena dans le Caucase, et il eut pitié de Prométhée. Lorsqu'il vit l'oiseau acharné sur sa victime, et le sang qui coulait, et lorsqu'il sut que ce supplice durait depuis tant de siècles, il ne voulut pas en apprendre davantage. D'un coup de flèche il transperça le vautour, qui tomba et ne se releva plus. Puis, appelant son père, il le pria, par amour pour lui, de délivrer Prométhée. Zeus, partagé entre la colère et l'admiration qu'il avait pour l'exploit de son fils, répondit qu'il était lié par son serment et qu'il ne pouvait rien. Enfin, comme Héraclès insistait, il finit par imaginer un stratagème : il détacha Prométhée, mais fit fabriquer par Héphaïstos, le forgeron divin, un anneau avec le fer de ses liens, dans lequel, en guise de chaton, l'on enchâssa un fragment du rocher. Cet anneau au doigt, Prométhée était libre, mais il demeurait bien, comme l'avait juré Zeus, « toujours lié au Caucase par un anneau de fer ».

Telle était l'histoire que racontaient le soir, auprès des feux de camp, les vétérans macédoniens à leurs camarades perses, tandis qu'ils traversaient le Caucase.

XIX

LE CHÂTIMENT DE BESSUS

Bessus, dans sa retraite, avait pensé que jamais Alexandre n'attacherait assez de prix à sa capture pour le poursuivre à travers les étendues glacées qui s'étendent devant le Caucase ; il pensait que le roi préférerait marcher tout de suite vers l'Inde, où le climat est plus doux, la terre plus fertile et le butin plus riche. Lorsque l'on apprit que le roi, contrairement à toute attente, se dirigeait vers la Bactriane, les soldats de Bessus, gagnés par la peur, se mirent à déserter et à abandonner leur maître. Celui-ci, finalement, résolut de fuir plus loin encore, et, avec une poignée d'hommes restés fidèles, traversa le fleuve Oxus et gagna la Sogdiane. Le fleuve traversé, il brûla les bateaux dans l'espoir, assez vain, qu'Alexandre en serait retardé d'autant. Puis, dans ce nouveau refuge, il se mit en devoir de rassembler une armée.

Cependant, Alexandre, le Caucase une fois franchi, se dirigeait vers la Bactriane, au milieu de mille difficultés. À cause de la saison, il n'y avait pas de blé dans les villages ; les paysans avaient dissimulé toutes les provisions dans des silos, creusés loin des habitations et si bien camouflés qu'il était impossible de les découvrir si l'on ne connaissait par avance leur emplacement. Puis ils s'étaient eux-mêmes dispersés à l'arrivée de l'ennemi ; aussi l'armée d'Alexandre était-elle fort en peine. Tant bien que mal, les soldats se soutenaient en mangeant du poisson qu'ils pêchaient dans les rivières, et des herbes, ramassées dans les champs, qu'ils dévoraient crues, ou qu'ils faisaient bouillir. Ce qui était une pauvre nourriture et ne leur donnait guère de forces ! À la fin, Alexandre donna l'ordre d'abattre les chevaux et les mulets qui portaient les bagages, et l'on mangea cette viande. Grâce à cette décision, l'on put arriver au cœur de la Bactriane, dans un pays plus fertile où il y avait des villes regorgeant de vivres.

Lorsque les troupes se furent reposées et quelque peu refaites, elles reçurent l'ordre de repartir, cette fois vers la Sogdiane, dernier refuge du traître. Mais il fallait, une fois de plus, traverser des régions stériles où il n'y avait pas la moindre source, et où il ne pleuvait jamais. Alexandre se crut retourné en Libye, dans le désert d'Ammon. Partout, ce n'était que sable ; et si, quelque temps auparavant, les soldats avaient souffert du froid, maintenant ils étaient soumis à une chaleur torride. Pendant la nuit l'on marchait sans trop de peine, mais, dès que paraissait le soleil, tout se desséchait ; la bouche devenait brûlante, la gorge enflait, le besoin de boire devenait irrésistible. Au début, l'on avait encore quelques provisions d'eau, mais les outres ne tardèrent pas à se vider. Alors on se mit à absorber tous les liquides imaginables, le vin et même l'huile, dont on se gorgeait sans mesure. On avait tant de plaisir à boire que l'on ne pouvait se résoudre à garder quelque réserve pour le lendemain. Puis alourdi, écœuré, on reprenait la marche, mais sans courage et les jambes molles. Les armes semblaient plus lourdes que jamais. Et la plupart des soldats, rendus malades par ces boissons inhabituelles, devaient s'arrêter pour vomir en chemin.

Alexandre, au milieu de tous ces maux, était, lui aussi, rempli d'angoisse. Ses amis l'entouraient et tentaient de lui rendre courage ; mais ils n'y parvenaient guère et il s'en fallait de peu que le roi ne désespérât tout à fait, lorsque l'on vit revenir les éclaireurs partis en avant reconnaître un endroit où établir le camp. Ils portaient avec eux des outres pleines d'eau, qu'ils avaient puisées dans l'Oxus. À cette vue, l'espoir revint dans la colonne ; et, au crépuscule, on était sur les rives du fleuve. Les premiers arrivés allumèrent de grands feux pour annoncer la bonne nouvelle au reste de l'armée. Les officiers s'efforcèrent, autant qu'ils le purent, d'empêcher les hommes de boire immodérément. Il y en eut pourtant qui, incapables de se maîtriser, burent de si grandes quantités d'eau qu'ils moururent étouffés. Alexandre, lui, sans dénouer sa cuirasse, sans prendre le moindre repas, et sans accepter plus d'une coupe d'eau, assista personnellement à l'arrivée de toutes les unités et ne consentit à se reposer qu'une fois tout le monde en sécurité dans le camp.

Mais le lendemain la situation n'était guère meilleure. Le fleuve coulait entre des rives plates, entièrement dépourvues d'arbres. Pas de bateau, aussi loin que se portât le regard. Partout, la solitude ; rien qui indiquât s'il y avait un gué, pas un habitant pour servir de guide. Alexandre finit par se résigner à recourir à la seule solution possible. Il fit donner l'ordre de bourrer toutes les outres dont l'on pouvait disposer avec de la paille. Soutenus par ces flotteurs improvisés, quelques soldats purent traverser le fleuve et prendre position sur la rive opposée, prêts à repousser les attaques. De la sorte, au bout de six jours, toute l'armée se trouva prête à reprendre la marche.

Pendant ce temps, la terreur augmentait dans le

camp de Bessus à mesure que se confirmait la nouvelle qu'Alexandre approchait. L'un des amis de Bessus, celui qui lui était le plus cher et qu'il avait comblé de bienfaits et d'honneurs, envisagea de trahir son maître. Cet officier, nommé Spitaménès, associa à son projet deux autres grands seigneurs, Dataphernès et Catanès, en qui Bessus avait la confiance la plus totale. La nuit venue, avec l'aide de huit jeunes gens qui leur étaient tout dévoués, ils décident d'agir sans plus tarder. Spitaménès va trouver Bessus et, sans témoin, lui révèle qu'il a la preuve que Dataphernès et Catanès conspirent contre lui et qu'ils veulent le livrer vivant à Alexandre. Mais, ajoute-t-il, il les a devancés et il les tient prisonniers.

Bessus, tout ému de ce dévouement, remercie Spitaménès et se fait amener les prétendus coupables. Ceux-ci sont introduits, enchaînés ; mais les hommes qui les gardent ne sont autres que les huit complices. Et, au moment où Bessus, dans son indignation, s'avance pour frapper les deux prisonniers, ceux-ci, comme par miracle, se défont de leurs liens ; leurs gardes, au lieu de les retenir, se joignent à eux, et tout le monde, entourant Bessus, le charge de chaînes et le dépouille des insignes royaux, qu'il avait lui-même autrefois enlevés à Darius. Puis, sans laisser aux soldats de Bessus le temps de secourir leur maître, ils le jettent sur un cheval et vont le livrer à Alexandre.

Le roi, en voyant devant lui l'assassin de Darius, lui reprocha durement son crime, puis il le fit périr avec une cruauté sans égale.

XX

LA MORT DE CLITUS

À peu près vers le même moment se produisit un événement qui demeura à jamais mémorable et qui est peut-être la honte la plus grave qui pèse sur le souvenir d'Alexandre. Pourtant, si l'on y réfléchit bien, on verra que ce ne fut guère là qu'un accident, et que la responsabilité en doit moins retomber sur le roi que sur la mauvaise chance du pauvre Clitus. Mais voici l'histoire.

Clitus était l'un des plus anciens compagnons d'Alexandre ; il faisait partie des grands seigneurs macédoniens qui l'avaient accompagné depuis le début de son expédition, et le roi lui avait souvent confié des missions délicates car il avait la plus grande confiance en lui. Il l'admettait parmi son conseil et il écoutait volontiers ses avis. Bref, Clitus était l'un des amis les plus chers d'Alexandre, et l'un de ceux qu'il n'avait jamais soupçonnés de lui être infidèle.

Or, il arriva qu'un jour Alexandre se trouvant occupé au fond de la Perse, des envoyés vinrent de Grèce lui offrir des fruits magnifiques. Ils avaient fait si bien diligence que les fruits n'avaient rien perdu de leur fraîcheur, mais étaient aussi agréables à voir qu'au premier jour. Alexandre admira ces présents, et voulut que l'on fît venir Clitus pour qu'il les vît immédiatement. Clitus, à ce moment, était en train d'offrir un sacrifice aux dieux ; mais lorsqu'il apprit qu'Alexandre le mandait sans retard, il interrompit la cérémonie et se mit en devoir d'accourir. Cependant trois brebis sur lesquelles il avait déjà, comme l'exige le rite, répandu des libations et qui, de ce fait, étaient déjà consacrées aux dieux, se mirent à le suivre, à la manière des brebis, toujours prêtes à faire ce que l'on fait autour d'elles.

Clitus arriva devant Alexandre accompagné de cette étrange escorte. Le roi, en le voyant, fronça le sourcil. Dès qu'il eut montré les fruits à Clitus — qui les admira fort — il fit secrètement appeler ses deux devins favoris, Aristandre et un autre, un Lacédémonien appelé Cléomantis, et leur demanda si, à leur avis, il n'y avait pas un présage à tirer de l'aventure. Les devins, après s'être consultés, répondirent qu'en effet le sacrifice interrompu et, plus encore, le fait que les victimes déjà consacrées aient suivi Clitus, annonçaient pour celui-ci un grave malheur. « Je le pensais bien », dit Alexandre tout soucieux. Ce présage venait renforcer les craintes que lui avait causées un rêve étrange, qu'il avait eu la nuit précédente, et qui lui avait montré Clitus assis en compagnie de Parménion et Philotas, tous trois morts, et en train d'assister à un repas funéraire. Pour détourner le sort, il ordonna aussitôt à Aristandre et à Cléomantis d'offrir un sacrifice expiatoire au nom de Clitus, mais sans l'en prévenir, afin de ne pas l'inquiéter.

Le soir même, Clitus, qui n'avait pas pris le temps d'achever la cérémonie interrompue par l'appel du roi, vint, comme à l'ordinaire, participer au souper d'Alexandre. Comme à l'ordinaire aussi, l'on but beaucoup ; et pendant que les coupes circulaient et que les cratères se vidaient, un certain Pranichus, un poète que le roi aimait bien, se mit à chanter des chansons qu'il avait récemment composées. Or, ces chansons étaient des vers satiriques ridiculisant quelques officiers d'Alexandre qui, au cours de combats récents, avaient été assez malmenés par les Barbares. Les officiers présents prirent la chose assez mal, et représentèrent au poète qu'il avait mal agi en essayant de couvrir de ridicule des soldats qui avaient fait de leur mieux et, à coup sûr, n'étaient pas suspects de lâcheté.

Mais Alexandre, qui s'amusait beaucoup — il avait déjà bu plus que de raison, et sa vanité ordinaire était flattée par les railleries qui retombaient sur ses subordonnés — ne tint pas compte de ces observations et il enjoignit au poète de continuer sa chanson. Sur quoi Clitus, ivre lui aussi, et qui était d'un naturel violent, insista et protesta qu'il n'était pas juste, en présence de Barbares et d'hommes qui étaient des ennemis de la veille — car il y avait, dans la salle du banquet, un grand nombre de serviteurs indigènes ainsi que plusieurs seigneurs perses, dont Alexandre avait fait ses amis — qu'il n'était pas juste donc d'accabler de sarcasmes des Macédoniens, de vaillants soldats qui, pour une fois, n'avaient pas eu de chance.

Alexandre, poussé sans doute par quelque démon, lui répondit que c'était sa propre cause qu'il plaidait lorsqu'il tentait d'excuser, en invoquant la malchance, ce qui n'avait été que couardise. Sous l'insulte, Clitus bondit, se leva et se mit à crier :

— C'est par lâcheté, sans doute, Alexandre, que je t'ai sauvé la vie, tout fils de dieu que tu sois, le jour où tu étais sur le point de montrer le dos aux Perses ! C'est grâce au sang des Macédoniens, grâce à mes propres blessures, que tu as pu t'élever jusqu'au point où nous te voyons ! C'est là ce qui t'a permis de renier Philippe, ton père, et de te proclamer fils de Zeus !

Ces paroles mirent le roi hors de lui. Il se rappelait fort bien le jour où, s'étant aventuré à la légère au milieu d'un escadron ennemi, il avait été sur le point de succomber sous le nombre et où Clitus, par miracle, avait surgi au moment où un cavalier mède allait le percer de sa lance, juste à temps pour le sauver. Cela, il ne l'avait jamais oublié ; et, ordinairement, il s'en souvenait avec reconnaissance. Mais, dans sa colère et son ivresse, il lui sembla que Clitus en profitait pour essayer de l'humilier, et il se sentit rempli d'une haine immense contre son ami.

— Coquin ! lui cria-t-il. C'est ainsi que tu parles de moi et que tu espères semer la division parmi les Macédoniens ? Tu t'en repentiras !

— Nous nous en repentons déjà ! repartit Clitus ; après tout ce que nous avons fait pour toi, voilà comme tu nous récompenses ! Au point que j'envie ceux qui sont morts ! Au moins, ils ne sont plus là pour nous voir mis au-dessous des Perses ! Ils n'ont plus à s'abaisser devant un chambellan barbare pour implorer comme une grâce le droit d'être admis auprès de toi !

Évidemment, Clitus ne se connaissait plus pour parler de la sorte. Déjà les gardes d'Alexandre s'étaient avancés pour le repousser et, autour d'eux, les plus anciens parmi les officiers essayaient de s'interposer. Mais Alexandre continuait ses sarcasmes. Se tournant vers les Grecs qui étaient là, il leur dit :

— Ne trouvez-vous pas que les Grecs, au milieu des Macédoniens, sont comme des demi-dieux au milieu des pourceaux ?

Et Clitus, de son côté, défiait le roi, lui disant que s'il invitait des hôtes à souper, il ferait bien, à l'avenir, de ne pas les insulter grossièrement. Bref, la querelle ne s'apaisait pas et l'on eût dit, non pas la cour du plus grand de tous les conquérants, mais une taverne où sous les prétextes les plus futiles, et oubliant toute dignité, les ivrognes échangent des injures et des coups.

À la fin, Alexandre saisit une pomme qui se trouvait sur la table, et la lança de toutes ses forces contre Clitus, qu'elle atteignit en pleine figure. Puis il eut le geste de tirer son épée ; il l'aurait fait, si l'un des gardes n'eût été plus rapide que lui et ne la lui eût ôtée des mains. Voyant cela, il bondit et en dialecte macédonien — ce qui était chez lui l'indice d'un grand trouble, car il parlait le plus souvent grec et affectait de mépriser la langue de son enfance — donna aux gardes du corps l'ordre de venir à son secours. En même temps, il cria au trompette qui se trouvait de service auprès de lui de sonner l'alarme. Et, comme le trompette refusait d'obéir, car, lui, il était à jeun et il devinait ce qui se passerait s'il appelait les soldats aux armes, le roi lui assena un grand coup de poing.

Cependant, Clitus ne cédait toujours pas ; il continuait à dire tout ce qu'il avait depuis longtemps sur le cœur ; le vin lui déliait la langue, et ses propos se faisaient de plus en plus offensants. Pourtant ses amis, l'un le tirant, l'autre le poussant, finirent par l'entraîner hors de la salle. Mais lui, plus acharné que jamais, leur échappa sitôt dehors et, réapparaissant par une autre porte, se mit à narguer le roi et à lui crier ce vers du poète Euripide :

« Hélas ! comme la Grèce a donc de mauvais chefs ! »

Si bien qu'Alexandre, arrachant une lance à l'un des gardes, bondit sur lui et le transperça. Le gémissement de Clitus, blessé à mort, dégrisa le roi. Il se fit, dans la salle, un silence terrible. Alexandre, comme sans comprendre, posa successivement ses regards sur chacun de ses compagnons, qui se tenaient immobiles, les uns debout, les autres à demi levés de leur siège, dans la position où les avait cloués la stupeur. Et dans leurs yeux, il lut la terreur et l'effroi. Alors, arrachant la lance du cadavre de Clitus, il la tourna contre lui-même ; mais les gardes lui saisirent les bras et arrêtèrent son geste au moment où le fer allait s'enfoncer dans sa gorge. Puis ils l'entraînèrent de force jusque dans sa chambre, où ils prirent soin d'enlever toutes les armes ; et, pendant toute la nuit, ils ne le quittèrent pas.

Pendant la nuit entière et le jour qui suivit, Alexandre ne cessa de se lamenter et ne s'arrêta que lorsque les forces lui firent défaut. Alors il s'endormit, d'un sommeil profond, et qui dura si longtemps que ses amis s'alarmèrent. Mais lorsqu'il fut réveillé et que tous essayèrent de le consoler, il leur opposa un silence obstiné. Aucun argument n'avait raison de son chagrin. À la fin, l'on fit venir Aristandre, le devin, qui lui rappela le rêve que lui avaient envoyé les dieux, et aussi l'incident du sacrifice inachevé. N'était-ce pas la preuve que tous ces événements avaient été voulus par le Destin, dont il n'avait été lui-même que l'instrument inconscient et irresponsable ? Ce raisonnement parut faire quelque effet sur lui. Alors, on lui dépêcha deux philosophes, pour achever de le consoler. L'un d'eux, qui procédait doucement et tentait d'alléger sa douleur, ne se fit guère entendre. Le second parla plus rudement. À peine fut-il entré dans la tente où gisait Alexandre, effondré sur son lit, qu'il s'écria :

— Le voilà donc, cet Alexandre, vainqueur de tant de nations ! Il est là, sur ce lit, abattu et pleurant, alors que le monde entier a les yeux fixés sur lui ! Il a peur, sans doute, des lois et de la justice des hommes ? Mais n'est-il pas, lui-même, et la justice et la loi ? N'a-t-il pas acquis, par sa force et sa vaillance, le droit de commander l'opinion, au lieu de se soumettre par avance à ce que diront les autres ? Tu es le fils de Zeus, et Zeus commande à la Justice ; il l'a mise auprès de toi pour qu'elle t'aide à gouverner le monde. Roi, tu ne peux mal agir ; loin que tes actions doivent se conformer à une règle, ce sont elles qui sont la seule règle. Cesse donc de te désoler et recommence à régner.

Ce langage insolent toucha le roi, qui reprit courage et cessa d'éprouver le remords de son crime. Mais, en même temps, l'orgueil qu'il portait en lui s'accrut ; et, plus que jamais, il s'enferma dans le sentiment de sa grandeur et de sa puissance. Mais au fond de son cœur, il continua de ressentir une grande honte de ce qu'il avait fait ; en même temps, il lui semblait qu'en tuant Clitus, son vieux compagnon, il avait trahi son enfance et s'était un peu plus éloigné du temps heureux où il n'avait pas, au prix de tant de sang et de souffrances, conquis l'empire du monde et ne faisait encore que le rêver.

XXI

NOUVEAUX PROJETS
LA CONQUÊTE DE L'INDE

Alexandre sentait, autour de lui, gronder le mécontentement. L'inaction, qui suivait l'achèvement de la conquête, laissait aux esprits chagrins le temps de songer à leurs griefs et de les exagérer sans mesure. L'on vit même les pages du roi, qui étaient des jeunes gens nobles, fils de grands seigneurs macédoniens, élevés à la cour, conspirer contre leur maître et peu ne s'en fallut que le complot ne réussît.

L'un des pages, qui s'était montré insolent au cours d'une chasse, avait été fouetté sur l'ordre du roi. L'enfant — à peine un adolescent — s'était plaint amèrement à ses amis du châtiment pourtant mille fois mérité qu'il avait dû subir, et tous ensemble ils avaient décidé de le venger et d'assassiner Alexandre. Ils avaient attendu longtemps pour amener l'occasion favorable. Ils avaient patiemment modifié les tours de service, et lorsque tous les conjurés furent certains d'être, le même soir, chargés ensemble du soin de servir le roi au souper, ils formèrent le projet de le poignarder. Mais comme il arrive, l'un d'eux, au dernier moment, eut un remords et révéla la chose à son frère, qui s'empressa de prévenir Alexandre. Les pages furent exécutés, et avec eux un Grec, un philosophe, qui était chargé de les instruire.

Mais Alexandre eut très peur, car les jeunes gens, tandis qu'on les interrogeait, n'avaient pas fait mystère de leur intention, disant qu'ils n'avaient pas voulu tuer en lui le roi des Macédoniens, mais le nouveau Darius, le roi de Perse, qui avait toujours été et serait toujours haï de tous les Grecs dignes de ce nom. Si bien qu'Alexandre fut obligé de se justifier et de rappeler qu'il n'était pas venu en Asie pour détruire l'empire perse, ni pour faire un désert de la moitié du monde, mais pour la civiliser et l'amener à une vie meilleure.

Ce discours ne persuada qu'à demi les mécontents, et Alexandre vit bien qu'il n'y avait pour lui de véritable sécurité que lorsqu'il était en campagne, au milieu de son armée. Là, l'étiquette se relâchait, la vieille camaraderie des camps reprenait ses droits, et le roi savait être, avec les plus humbles soldats, d'une douceur et d'une simplicité qui lui gagnaient les cœurs.

Un jour, par exemple, sur les hauts plateaux de Bactriane, l'armée avait été surprise par de grands froids qui avaient fait périr beaucoup d'hommes ; on n'avait réussi à sauver le reste qu'en allumant, à chaque halte, des feux immenses ; mais les traînards, les blessés, étaient irrémédiablement perdus. Or Alexandre s'employait personnellement à encourager les hommes ; il les cherchait lorsqu'ils s'égaraient et, un soir, il ramassa ainsi, dans la campagne, un fantassin déjà engourdi, et qui s'abandonnait. L'homme était si las qu'il ne s'aperçut pas que c'était le roi lui-même qui venait prendre soin de lui. Alexandre le releva, le fit marcher, le força à remuer, et finalement, lorsqu'ils furent rentrés au camp, le fit asseoir sur son propre trône. Le soldat, peu à peu, revenait à la vie et reprenait ses sens ; tout à coup il ouvrit les yeux et comprit où il se trouvait ; effrayé, il vit qu'il était assis sur le siège royal et, dans sa terreur, voulut se sauver. Mais Alexandre le retint et lui dit :

— Ne crains rien ; si j'étais Darius, tu aurais encouru la mort pour avoir pris place sur mon trône ; mais je suis Alexandre, et tu es sauvé !

Cette histoire, et d'autres semblables étaient contées de bouche en bouche par les soldats qui adoraient Alexandre et, disaient-ils, « l'auraient suivi au bout du monde » ! Aussi le roi résolut-il de continuer et, après s'être rendu maître de toute l'Asie soumise aux Perses, décida de soumettre l'Inde.

L'Inde, à cette époque, était une contrée à peu près inconnue des Grecs, qui racontaient que partout les fleuves y charriaient de l'or et que la mer rejetait sur les rivages des perles et des pierres précieuses. Et, en fait, les quelques marchands indiens rencontrés dans les provinces perses voisines de leur pays portaient sur eux des joyaux d'une valeur immense. Avec leurs vêtements de lin blanc, leur tête entourée d'un turban, leurs sandales, leurs lourdes boucles d'oreilles, leurs bracelets d'or, ils avaient provoqué chez les Macédoniens l'étonnement, l'admiration et l'envie. On assurait que, chez eux, les rois étalaient un faste inimaginable, bien plus grand que celui des rois de Perse. En public, disait-on, ces rois ne se montrent que portés sur une litière d'or, autour de laquelle pendent des guirlandes de perles ; des esclaves chamarrés lui font escorte, en agitant sans cesse des encensoirs d'argent qui répandent partout des parfums délicieux. D'autres portent des arbustes où chantent des oiseaux apprivoisés. Il est rare que les rois se déplacent à cheval. Pour de longs voyages, le char royal est attelé d'éléphants entièrement caparaçonnés d'or, et il est suivi d'une foule immense de femmes et de soldats. On racontait aussi — et cela faisait bien rire les Macédoniens — que ces rois donnaient audience en faisant leur toilette. Lorsqu'ils étaient en train de se peigner, alors les portes du palais étaient ouvertes toutes grandes. Sous un dais porté par des colonnes où grimpaient des vignes d'or, le roi rendait la justice, recevait les ambassadeurs, sans cesser de lisser ses cheveux, de les parfumer et de les parer.

Toutes ces merveilles, où se mêlaient la vérité et la légende, donnaient aux soldats grande envie d'y aller voir de plus près. Et Alexandre n'était pas moins enthousiaste qu'eux. Il n'y avait que les officiers du roi, que la conquête de la Perse avait enrichis et qui avaient reçu tous quelque gouvernement dont ils auraient aimé jouir en paix, pour être moins ardents à tenter l'aventure. Mais Alexandre ne leur demanda pas leur avis, et bientôt il franchit la frontière.

Aussitôt, l'on vit accourir des rois indiens, très empressés à faire leur soumission au conquérant. Ils n'étaient pas aussi brillants que l'on espérait ; ils avaient bien des litières et des gardes, mais leurs joyaux étaient des plus ordinaires, et les gardes allaient nu-pieds et n'avaient pas grande allure, avec leurs grands arcs et leurs piques d'un autre âge. Les soldats les regardaient avec mépris et disaient entre eux que, sans doute, l'on avait encore affaire qu'à des rois subalternes et qu'il fallait attendre pour savoir vraiment ce qu'était un roi indien.

Alexandre reçut avec bonté les rois qui venaient faire leur soumission et les incorpora dans sa suite, avec l'intention de s'en servir comme guides — ce qui ne donna pas aux soldats une haute idée des monarques indiens. Puis, comme personne d'autre ne se présentait, Alexandre envoya en reconnaissance une avant-garde commandée par Perdiccas et Héphestion. Il leur donna l'ordre de progresser jusqu'à l'Indus et de tout préparer pour le franchissement du fleuve.

Perdiccas et Héphestion partis, lui-même se mit en marche avec le gros de l'armée. Bientôt il se heurta à une ville qui lui ferma ses portes. Désirant frapper l'imagination des Indiens, il fit incendier les murailles, qui n'étaient guère solides, et tous les habitants furent, sans exception, passés au fil de l'épée. Pourtant il fut lui-même atteint par une flèche alors qu'il faisait, à cheval, le tour de l'enceinte ; et les Macédoniens ne considérèrent pas comme d'un bon présage que leur roi, au premier contact avec l'ennemi, eût été blessé.

Après quelques jours de marche, Alexandre parvint devant une ville qui, lui dit-on, s'appelait Nysa. Cette nouvelle le remplit de joie. Ce nom de Nysa était célèbre parmi tous les peuples de langue grecque ; c'était là que, selon la légende, avait été élevé le grand dieu Dionysos[1]. On assurait même que le nom de Dionysos ne signifiait pas autre chose que « le Zeus de Nysa ». Alexandre ne douta pas qu'il n'eût retrouvé le pays du dieu et cela le confirma dans l'idée de sa mission divine, puisque Zeus lui avait ouvert les portes des pays de légende.

À la vérité, Dionysos n'était pas né à Nysa. Il était originaire de Thèbes, et sa mère, Sémélé, était la fille du roi Cadmos, qui régnait sur la Béotie. Mais il était arrivé que Sémélé, que Zeus avait aimée, et qui désirait voir son amant dans toute sa puissance, avait tant insisté que le maître des dieux s'était présenté à elle environné de foudres et d'éclairs. La pauvre Sémélé avait été foudroyée sur-le-champ. Zeus avait alors enlevé le petit Dionysos et, parce qu'il redoutait qu'Héra, sa belle-mère, ne lui fît mauvais visage et

1. Voir *Contes et légendes mythologiques* et *Les Livres des Merveilles*, parus dans la même collection.

ne le tourmentât de mille manières, il l'avait transporté loin de Thèbes, jusque dans le pays de Nysa. Là, il l'avait confié à des Nymphes, qui avaient pris soin de lui, l'avaient nourri de lait de chèvre et lui avaient surtout enseigné l'art de cultiver la vigne. Plus tard, Dionysos, devenu grand, avait groupé autour de lui des satyres, des démons à demi hommes et à demi boucs, ainsi que des femmes, les bacchantes, et toute cette troupe joyeuse avait, sous sa conduite, fait la conquête de l'Inde. Quel présage pour Alexandre qui s'avançait, lui aussi, dans la même intention, si ses premiers pas l'avaient conduit à Nysa !

L'armée était arrivée un soir aux environs de Nysa et, pendant la nuit, le froid se fit intense, si bien qu'il devint nécessaire d'allumer du feu. Les soldats allèrent ramasser du bois dans une forêt qui se trouvait au voisinage, et bientôt se groupèrent autour de grands brasiers. Or ces feux avaient été allumés parmi de vieux tombeaux, comme il y en avait toujours, en ce temps-là, autour des villes, et ces tombeaux étaient, pour la plupart, construits en bois de cèdre. Bien vite, ce bois sec et résineux s'enflamma et l'incendie se répandit au loin, illuminant la nuit. Du haut de la muraille, les habitants de Nysa virent l'horizon embrasé et comprirent que l'armée d'Alexandre, dont l'approche leur avait été annoncée depuis plusieurs jours, était arrivée sous leurs murs.

Parmi les habitants, les uns étaient d'avis de résister ; les autres, effrayés par l'incendie des tombeaux qu'ils considéraient comme un présage sinistre, penchaient pour se rendre. Alexandre comprit que l'ennemi hésitait et, bloquant la ville, se contenta d'attendre patiemment que la famine et les misères d'un blocus découragent les plus entêtés car il voulait, tel Dionysos, être reçu dans cette ville en ami, et redoutait, s'il se livrait à quelque acte hostile, de mécontenter le dieu qui devait être désormais son guide et son modèle. Il n'eut pas longtemps à attendre. Le parti qui était en faveur de la paix ne tarda pas à l'emporter et, au bout de quelques jours, les portes s'ouvrirent et il en sortit une députation chargée de négocier avec le vainqueur.

Il y avait, près de la ville, une colline boisée ; c'était là, disait-on, que les nymphes avaient élevé Dionysos, en un temps où la ville elle-même n'existait pas encore. Les habitants y célébraient, à certains jours, la fête du dieu. Alexandre décida d'y établir son camp, et de marquer par des réjouissances ce qui devait être le véritable commencement de la conquête projetée sur les traces de Dionysos.

La paix une fois conclue avec les habitants, il commença par envoyer sur cette montagne une grande quantité de ravitaillement, que transportèrent de longues files de mulets, d'ânes et de porteurs indigènes ; puis lorsque tout fut prêt, les soldats y montèrent à leur tour. Une fois là, on découvrit que le sommet de la montagne était, non pas rocheux et inhospitalier, comme c'est le cas pour la plupart des montagnes du pays, mais occupé par une sorte de parc naturel où poussaient en abondance les plantes sacrées de Dionysos, le lierre et surtout la vigne. Des bosquets de laurier, venus spontanément, étaient arrosés par l'eau de sources limpides, répandue par mille ruisselets. Sur le sol, des tapis de myrtilles étaient noirs de baies mûres. On eût dit un jardin des dieux, que les Immortels avaient planté pour leur usage et leur joie. Les soldats macédoniens furent émerveillés ; ils se crurent arrivés au pays de toutes les merveilles, les Îles des Bienheureux, et beaucoup se figurèrent que ce bocage était le reste, miraculeusement préservé, de l'Âge d'Or.

Alors, comme saisis d'un délire religieux, les soldats commencèrent à se couronner de lierre et de pampres et à parcourir le bois, en appelant Bacchus. Dans la lumière incertaine du sous-bois, ils apparaissaient et disparaissaient tour à tour, en farandoles joyeuses, sans armes, insoucieux de tout ce qui n'était pas allégresse et bonheur. L'écho renvoyait leurs cris, invoquant le dieu sous ses noms multiples. On se serait cru transporté dans les plaines de la Thrace, en pays grec, lorsque les femmes des villes se répandent dans la campagne et, tenant dans leurs mains de longues hampes ornées de vigne et de lierre, une peau de faon jetée sur les épaules, jettent à pleine voix le cri rituel qui évoque le dieu. « Évohé ! », criaient les hommes ; « Évohé ! », disait l'écho, renvoyé de rocher en rocher. Ce n'était plus une armée, mais une troupe de Bacchants saisis par la puissance de Dionysos.

Alexandre ne se fâcha pas de ce transport, si contraire, pourtant, à la discipline ordinaire de l'armée. Il était, au fond de lui-même, assez satisfait de voir ses hommes adorer, au seuil de la campagne qui commençait, le dieu qui devait lui servir de guide et qui, né comme lui de Zeus, était en quelque sorte son frère. Il se contenta de faire venir de la plaine force amphores de vin, que l'on distribua aux soldats pour entretenir leur ardeur à célébrer Dionysos. Lorsqu'ils étaient fatigués, les hommes s'allongeaient çà et là sur la mousse et sur l'herbe ; ils buvaient à pleine coupe le vin qu'on leur servait, mangeaient un peu et dormaient jusqu'au moment où, les forces leur revenant, ils reprenaient leurs danses et leurs chants.

Cette orgie dura dix jours. Parfois Alexandre, demeuré le seul vigilant, se demandait avec un peu d'angoisse ce qui arriverait si l'ennemi se présentait. L'armée, ayant rompu les rangs, était éparse dans la montagne ; il n'y avait plus ni chefs ni soldats ; même la trompette d'alarme, si elle avait retenti, n'aurait sans doute pas réussi à se faire entendre. Et il est fort probable qu'une attaque des Indiens aurait abouti à un désastre total et à la défaite irrémédiable des Macédoniens. Mais Alexandre avait confiance en Dionysos. Et les cris des soldats, répercutés au loin, inspirèrent aux Indiens autant de terreur qu'eût fait leur cri de guerre.

Dix jours furent consacrés à honorer Dionysos. Après ce temps, les soldats revinrent à eux et, d'eux-mêmes, rejoignirent leur rang. Et la marche en avant fut reprise.

Le pays à travers lequel on avançait était boisé et hérissé de montagnes. Les habitants, à l'approche d'Alexandre, avaient incendié les villages et s'étaient retirés sur les hauteurs. Le ravitaillement devenait difficile ; il était presque impossible de trouver, sur cette terre ravagée, de quoi nourrir une aussi grande armée. Aussi Alexandre décida-t-il de diviser ses forces et de former plusieurs colonnes qui suivraient des routes parallèles. On couvrait de la sorte une plus grande étendue de pays, et il devenait possible de glaner çà et là les vivres suffisants. Cette formation permit en même temps de soumettre un plus grand nombre de villes.

Après de longs jours de marche, Alexandre parvint devant une ville où régnait une reine, nommée Cléophis. Cette ville était défendue par trente-huit mille fantassins et était située sur une position naturellement très forte. Vers l'Orient, cette ville s'appuyait sur une rivière aux rives très escarpées et, de tous les autres côtés, était entourée de falaises coupées de grottes profondes, reliées entre elles par des fossés. Le mur de la ville, long de sept kilomètres, reposait sur des fondations de pierre, et sa partie supérieure était en brique crue, liée avec du mortier. Ces fortifications constituaient un obstacle redoutable car elles dominaient la plaine de fort haut, et il était impossible de faire avancer jusqu'à elles les machines de siège.

Dès la première reconnaissance, le roi, qui s'était un peu trop aventuré, reçut une grosse flèche dans le mollet. Sans y attacher d'abord grande attention, il se contenta d'arracher le fer de la plaie et continua sa reconnaissance ; mais, peu à peu, la blessure se refroidit et la jambe devint douloureuse, au point qu'Alexandre s'écria : « J'ai beau être fils de Zeus, je n'en souffre pas moins ! » Et il consentit à se faire soigner. Heureusement, l'os n'avait pas été touché et le roi ne fut pas immobilisé. Il put, comme si de rien n'était, donner ses instructions et prendre toutes les mesures pour préparer l'assaut.

Conformément aux ordres du roi, une partie des soldats commença par détruire les maisons des faubourgs, qui n'étaient pas protégées par les murailles, et dont les habitants s'étaient réfugiés dans la ville. Cela fournit quantité de matériaux qui furent jetés dans les fossés ; on coupa aussi un grand nombre d'arbres, avec leurs branches, que l'on traîna au pied des murailles. Tout cela fit un remblai solide et, en neuf jours, les obstacles préliminaires furent surmontés.

Alors les Macédoniens firent avancer des tours mobiles, portant les machines, et l'on commença de lancer sur les défenseurs des projectiles de toutes sortes. Les balistes lançaient des flèches énormes, des quartiers de roche, des javelots garnis d'étoupe enflammée, qui répandaient partout l'incendie. Les Indiens, pour qui ce genre de guerre était absolument nouveau, étaient remplis de terreur. Les tours, surtout, dont la masse était mise en branle par des hommes dissimulés à l'intérieur, leur semblaient la manifestation d'une puissance divine ; et, cédant devant celui qu'ils prenaient pour un dieu, ils abandonnèrent les murailles pour se retirer dans la citadelle.

Bientôt une députation vint trouver Alexandre et lui offrit la reddition de la place. Elle se présenta avec un faste qui surprit les assiégeants. C'était une procession de femmes tenant de grandes coupes d'or et qui, arrivées devant le roi, lui offrirent, comme à un dieu, des libations de vin. Plus que jamais, Alexandre fut persuadé que les Indiens reconnaissaient en lui le nouveau Dionysos et il accorda la grâce qu'on implorait de sa clémence. La reine Cléophis fut confirmée dans son pouvoir, à la seule condition de se déclarer vassale d'Alexandre, ce qu'elle fit bien volontiers.

Après être restés plusieurs jours dans la ville de Cléophis, et avoir accordé quelque repos à son armée, Alexandre reprit sa marche. Les Indiens, effrayés par tant de victoires incessantes, n'avaient guère le cœur à résister. La plupart se contentaient de faire leur soumission sans combat ; les autres fuyaient devant l'envahisseur et tentaient parfois de défendre quelque ville forte dont la position leur semblait imprenable. Mais Alexandre les détrompait vite ; il n'y avait rocher si escarpé, marais si profond, repaire si bien défendu, qu'il ne parvînt à réduire. Bientôt il eut en son pouvoir tous les royaumes qui s'étendaient le long de la frontière de l'Empire perse ; bientôt allait commencer la grande aventure, lorsque l'on franchirait l'Indus et que l'on pénétrerait dans le cœur du pays.

XXII

RÉSISTANCE ET DÉFAITE DU ROI PORUS

Enfin Alexandre parvint sur les rives de l'Indus. L'avant-garde, commandée par Héphestion, avait tout préparé pour le passage du fleuve, comme l'avait ordonné le roi. Or, le prince qui régnait sur ce pays n'était pas un inconnu pour Alexandre. Il y avait plus d'une année qu'il avait commencé d'envoyer des ambassadeurs à celui que la victoire venait d'installer à ses frontières.

Au temps où il n'était encore que prince héritier, il avait conseillé à son père de conclure une alliance avec Alexandre, mais sans y parvenir. Sur ces entrefaites, ce père était mort et Omphis — tel était le nom que les Grecs donnaient au jeune prince — avait pris le pouvoir. Dès son avènement, il avait écrit à Alexandre pour lui demander ce qu'il préférait : s'il aimait mieux le voir monter sur le trône, ou s'il lui serait plus agréable qu'il l'attendît avant de rien faire qui pût engager l'avenir du royaume. Alexandre lui avait répondu en lui donnant la permission de régner, et Omphis se considérait comme le simple représentant du roi.

Lorsque l'on apprit l'arrivée d'Alexandre, Omphis se hâta d'aller au-devant de lui, avec toutes ses troupes, parmi lesquelles, selon l'usage des armées indiennes, se trouvaient des éléphants cuirassés et montés de soldats. De loin, en voyant s'avancer cette foule, Alexandre crut que c'étaient des ennemis, et, aussitôt, il ordonna aux siens de prendre les armes et de se tenir prêts à combattre. Omphis s'aperçut de l'erreur d'Alexandre ; il fit arrêter tout le monde et se porta tout seul en avant. Ce que voyant, Alexandre en fit autant, il éperonna son cheval et, au grand galop, alla rejoindre Omphis.

À la vérité, les officiers macédoniens n'étaient pas trop rassurés, car ils soupçonnaient quelque trahison. Si le roi indien était de bonne foi, tout irait bien ; s'il avait des intentions hostiles, Alexandre risquait fort d'avoir à payer le prix de sa hardiesse. Aussi tout le monde, du côté des Grecs, regardait-il la scène avec anxiété. Mais, ce que l'on vit ne tarda pas à rassurer les spectateurs. Alexandre et Omphis, seul à seul, se tendaient la main ; les épées restaient au fourreau. Puis, après quelques instants, Alexandre se retourna, appela un aide de camp, qui s'empressa d'accourir, et lui ordonna de trouver un interprète. L'officier n'eut aucun mal à trouver un homme capable de parler le langage du pays — l'armée d'Alexandre comptait beaucoup de soldats récemment enrôlés et qui, nés dans ces provinces éloignées de l'empire perse, avaient été souvent en rapport avec des marchands indiens — et, de la sorte, les deux rois purent converser.

Omphis, une fois de plus, répéta à Alexandre qu'il ne se considérait que comme le dépositaire du royaume de son père, et Alexandre, pour ne pas être en reste de générosité, le confirma dans la possession de son trône. Bientôt, les deux armées fraternisèrent. Les Indiens, qui avaient une grande abondance de ravitaillement, purent donner aux Grecs du blé et des troupeaux entiers de bétail, que les Grecs reçurent avec reconnaissance, car il y avait longtemps qu'ils n'avaient mangé de bonne viande.

Cependant, Alexandre et Omphis s'entretenaient des affaires du royaume. Omphis apprit à son hôte qu'il était en guerre contre un roi dont le pays s'étendait au-delà du fleuve Hydaspe, et qui avait nom Porus. Ce roi, fort puissant, avait été averti de l'approche d'Alexandre, mais il avait fait savoir un peu partout qu'il entendait bien arrêter le conquérant, et s'était vanté de mettre un terme à son insolente fortune.

Ainsi averti, Alexandre n'en envoya pas moins des ambassadeurs à Porus, et lui demanda de lui payer tribut ; il lui annonça son arrivée prochaine et le pria de venir l'accueillir à l'entrée de ses États. Porus répondit que, de ces deux demandes, la seconde seulement lui paraissait acceptable : oui, il viendrait accueillir Alexandre à la frontière, mais avec une armée, et bien décidé à combattre. C'était la guerre.

Peu de jours plus tard, Alexandre parvenait sur les bords de l'Hydaspe. Sur l'autre rive, se trouvait Porus, fidèle au rendez-vous. Deux cents éléphants formaient une ligne continue, à l'endroit où se trouvait le gué et où les soldats d'Alexandre devaient franchir la rivière. Derrière les éléphants étaient rangés en bataille trois cents chars, appuyés par trente mille fantassins et un grand nombre d'archers. Le roi en personne était au milieu de son armée, monté sur un éléphant plus haut et plus gros que les autres. Lui-même était d'une taille peu commune, que mettait encore en valeur son armure étincelante d'argent et d'or.

Tout ce déploiement de forces était loin d'être rassurant. Traverser, sous les yeux d'ennemis déterminés, un fleuve large de quelque huit cents mètres, dont les eaux ressemblaient à celles d'un bras de mer, n'était pas chose facile. Un courant violent soulevait dans les endroits resserrés des vagues menaçantes. Çà et là, aux endroits les plus inattendus, pointaient des rochers, comme autant de récifs capables de déchirer aussi bien les nageurs que les embarcations, et de retourner les radeaux. Et, en face, c'étaient les éléphants, avec leur masse énorme, qui ne cessaient de pousser des barrissements sauvages que l'on entendait, d'une rive à l'autre, comme des appels de trompette. Les Macédoniens se sentirent découragés. Comment traverser ces eaux furieuses, comment prendre pied sur une rive aussi bien défendue ?

Quelques jeunes soldats, plus téméraires que les autres, sous les ordres de deux officiers de leur âge, tentèrent, d'abord, de forcer le passage, à eux seuls. De loin en loin, dans le fleuve, s'étendaient des îles, où étaient installés des avant-postes ennemis. Ces jeunes gens en avisèrent une, un peu plus grande que les autres et, se mettant à l'eau, sans emporter d'autre arme que leur lance, entreprirent d'y prendre pied et d'en déloger les Indiens. Les ennemis furent d'abord surpris, et les assaillants eurent un long moment l'avantage. Mais, le premier choc passé, les Indiens revinrent en foule et bientôt, les jeunes téméraires furent accablés sous le nombre. Ceux qui tentèrent d'échapper à la nage furent entraînés par la violence du courant, écrasés sur les rochers ou engloutis par les tourbillons. Pas un ne réchappa. Porus, qui n'avait rien perdu de ce spectacle, en fut très réconforté, et il se dit que les Macédoniens, après tout, n'étaient pas si redoutables qu'on le prétendait. Il se félicita de ne pas avoir cédé à Alexandre.

De son côté, le roi était fort embarrassé. Il se rendait bien compte qu'il ne fallait pas espérer forcer le passage ; le seul espoir résidait dans la ruse. Et voici ce qu'il imagina.

Après avoir longé le fleuve sur une grande distance, il finit par découvrir une île allongée, remplie de bois et de broussailles, où il était possible de dissimuler un grand nombre de soldats. Par chance, sur la rive même du fleuve, dans ces parages, avait été creusé, autrefois, un fossé assez large, maintenant à sec, et d'une profondeur suffisante pour contenir des unités de cavalerie, à l'insu de l'ennemi. Donc, pour détourner de cette région l'attention des Indiens, il ordonna à Ptolémée, l'un de ses lieutenants, de s'en aller, avec plusieurs escadrons, à grand bruit, tout le long de la rive et de faire mine, de loin en loin, de tenter la traversée du fleuve. C'est ce que fit Ptolémée, pendant plusieurs jours. Porus, croyant qu'il avait vraiment l'intention de forcer le passage, le suivit sur l'autre rive avec toutes ses forces, si bien qu'il ne tarda pas à être loin de l'île. Alors, Alexandre fit tout préparer pour la traversée.

Or, il se trouva que, au moment où l'opération commençait à peine, éclata un très violent orage. La pluie était si dense qu'elle transperçait tout ce qu'on tentait de lui opposer. Les soldats, accablés, mouillés, firent faire demi-tour à leurs radeaux et revinrent s'abriter dans l'île. Si le temps avait été beau, le bruit qu'ils faisaient aurait été, à coup sûr, entendu de l'ennemi, et de fort loin. Mais le vent et la pluie dominaient tout. Bientôt, d'ailleurs, la pluie cessa, mais il s'éleva de la terre et de la rivière un brouillard très épais, qui empêchait de voir quoi que ce fût à plus de quelques pas.

Alexandre ne fut pas long à saisir l'occasion. Tandis qu'un autre se fût peut-être épouvanté de cette nuit survenant en plein jour, sur un fleuve inconnu, alors que, peut-être, l'ennemi, alerté, était revenu sur la rive opposée, lui, au contraire, n'en fut que plus encouragé à poursuivre. Il renouvela l'ordre de remonter sur les radeaux et de passer, coûte que coûte. Lui-même s'embarqua sur le premier et il fut le premier à toucher le rivage ennemi. Tous les radeaux, sauf un, qui fut brisé sur des rochers, parvinrent à destination et — ô miracle ! — la rive où l'on aborda était vide d'ennemis.

Déjà le roi avait eu le temps de reformer son armée et de prendre les dispositions de combat lorsque le brouillard se dissipa et révéla à Porus que le fleuve était franchi. Aussitôt, Porus se mit en devoir de repousser l'envahisseur. Ses principales forces étaient constituées par des éléphants et des chars armés. Chacun des chars était monté par six hommes. Deux portaient des boucliers, et protégeaient les côtés ; deux étaient des cochers, deux seulement des combattants, munis de javelots. Les équipages, bien entraînés, habitués à combattre ensemble, étaient généralement fort redoutables. Mais, ce jour-là, son habituel bonheur servit Alexandre. La pluie avait détrempé le sol, qui était glissant et à peu près impraticable pour les chevaux, dont les sabots ne trouvaient aucune prise dans la boue. Les chars eux-mêmes, fort lourds, s'enlisaient jusqu'aux essieux. Tout ce que l'on pouvait espérer, du côté de Porus, c'était de résister sur place.

Alexandre, au contraire, avec son armée de fantassins, conservait tous ses avantages. Ses voltigeurs scythes partirent les premiers à l'assaut, et firent beaucoup de mal aux Indiens. Peu à peu, la bataille s'étendit sur tout le front, et les Indiens, finalement, comprirent que, s'ils ne passaient pas à l'offensive, ils étaient irrémédiablement perdus. Tentant un suprême effort, ils lancèrent, malgré tout, leurs chars en pleine mêlée. Et, effectivement, ils obtinrent d'abord d'assez bons résultats. L'infanterie macédonienne fut, en un instant, clouée sur place ; mais les chars, lancés sur la boue glissante, ne pouvaient plus être dirigés ; ils allaient droit devant eux et, au moindre obstacle, se renversaient sur leurs conducteurs. Rapidement, ce fut un enchevêtrement confus d'attelages sur lesquels s'acharnaient les fantassins d'Alexandre, tandis que d'autres, traversant les lignes, étaient emportés jusque dans le fleuve où ils étaient engloutis.

Porus, au milieu de l'armée, encourageait tout le monde par son exemple. Lorsqu'il vit les chars dispersés et, pour la plupart, hors de combat, il fit donner les éléphants : formés en ligne, le roi au centre, ils s'avancèrent sur les Grecs, tandis que les fantassins et les archers suivaient, au milieu d'un grand fracas de tambourins. Car les Indiens ignoraient l'usage de la trompette et, pour toute musique guerrière, ne se servaient que de tambourins, très sonores, dont le ronflement continu s'entendait de fort loin. Les éléphants, habitués depuis longtemps à ce tumulte, n'en étaient point troublés. Il n'en était pas de même des Macédoniens, auxquels, après tant de spectacles étranges, la vue d'une telle armée avançant contre eux au son de ces instruments barbares, n'était pas sans causer quelque frayeur. Les costumes mêmes des Indiens, leurs cuirasses brillantes, la grande taille de leurs arcs, tout contribuait à donner une étrange impression d'angoisse.

Au milieu de l'infanterie, les Indiens portaient une statue qui parut aux Grecs être celle d'Hercule ; du moins, il leur sembla que c'était celle d'un dieu armé d'une massue, et comme l'on racontait qu'autrefois Hercule était venu jusque dans l'Inde, ils ne doutèrent pas que le héros ne fût adoré par les peuples qu'il avait conquis. Cette statue étrange, dont le visage doré brillait de loin, était portée sur un brancard que soutenaient quatre soldats, et c'était autour d'elle que se ralliait l'armée, comme autour d'un étendard. Elle exerçait sur les Grecs une singulière fascination, comme si l'antique conquérant de l'Inde était venu au-devant d'Alexandre, son rival, non pour l'accueillir, mais pour lui interdire d'aller plus loin.

Cependant, la ligne ennemie approchait de plus en plus. Il y eut un flottement parmi les soldats d'Alexandre. Le roi s'en aperçut. Il s'écria, de façon à être entendu par le plus grand nombre possible : « Enfin les dieux nous envoient des adversaires à notre taille ! »

Puis, donnant des instructions à ses lieutenants sur ce qu'ils auraient à faire, il s'élança contre l'aile gauche de Porus. Au même moment, les commandants des diverses unités donnèrent le signal de l'assaut. D'un seul élan, la phalange enfonça le centre de l'armée ennemie. Les fantassins grecs se glissaient entre les éléphants et engageaient le combat avec les fantassins de Porus qui, embarrassés par leurs arcs énormes, en étaient réduits à se servir, tant bien que mal, de leurs seules épées. Des voltigeurs macédoniens, armés de faux acérées, tranchaient le jarret des éléphants ou leur portaient des blessures qui rendaient les animaux furieux. Alors, ils s'emportaient et se précipitaient, sans plus obéir à leurs conducteurs, ne connaissant plus ni amis ni ennemis et piétinant tout sur leur passage.

Au bout de quelque temps, seul Porus, entouré de sa garde, continuait de résister. Monté sur son éléphant énorme, il semblait réfugié dans une forteresse imprenable. Ses flèches, qu'il lançait avec une grande adresse, atteignaient chaque fois leur but. Les imprudents qui tentaient d'approcher l'éléphant de trop près ou bien étaient piétinés par l'animal, ou bien il les saisissait de sa trompe et les tendait à son maître, qui les achevait. Mais, à la fin, Porus lui-même fut accablé sous le nombre. Il était trop exposé pour ne pas servir à son tour de cible aux archers et aux frondeurs d'Alexandre. Déjà, il avait reçu neuf blessures, et, comme son sang s'écoulait en abondance, peu à peu, ses forces l'abandonnèrent.

Le conducteur de l'éléphant, voyant son roi blessé, fit faire demi-tour à l'animal. Mais le roi ne voulut pas fuir. Bien différent de Darius, il était décidé à demeurer le dernier sur le champ de bataille. Et bientôt, d'ailleurs, son éléphant, blessé à mort, eût été incapable de distancer les cavaliers d'Alexandre. Épuisé lui aussi, l'éléphant s'agenouilla, comme il le faisait lorsque son maître voulait descendre. À cette vue, les Macédoniens se précipitèrent et s'emparèrent du roi, qu'ils croyaient mort. Mais, en voulant le dépouiller de son armure, selon la coutume, ils s'aperçurent qu'il était seulement évanoui, pour avoir perdu tant de sang ; alors ils le mirent sur un char et le conduisirent à Alexandre.

Lorsque Porus reprit ses sens, Alexandre lui demanda pourquoi il n'avait pas suivi l'exemple d'Omphis et ne s'était pas soumis sans combat. Porus répondit que, jusqu'à ce jour, il s'était cru le plus fort, mais que cette journée l'avait détrompé. Alexandre lui demanda alors comment il souhaitait être traité. Et Porus répondit simplement : « En roi. » Alexandre fut vivement frappé par cette réponse, et décida d'épargner son ennemi abattu. Il le fit soigner et lorsque Porus, contrairement à l'attente générale, fut guéri de ses blessures, Alexandre l'admit au nombre de ses amis et même lui rendit son royaume, en l'agrandissant de plusieurs provinces.

XXIII

LES MERVEILLES DE L'INDE

Les Macédoniens, qui avaient traversé, pour parvenir jusqu'aux frontières de l'Inde, tant de déserts couverts de sable, tant de plateaux où ne poussait qu'une herbe rare, et qui avaient parfois souffert cruellement de la soif, furent stupéfaits de découvrir un pays extraordinairement riche en rivières. Il ne se passait pas d'étape où l'armée n'eût à en franchir une ou deux ; parfois ce n'étaient que de petits cours d'eau, parfois c'étaient de véritables fleuves qui coulaient paresseusement dans la plaine et formaient des chapelets de lacs.

Et certaines de ces rivières possédaient des propriétés merveilleuses. On raconte par exemple que l'une d'elles, nommée le Silas, avait des eaux si légères que rien ne pouvait y flotter ; les meilleurs nageurs y enfonçaient comme des novices ; ni les morceaux de bois, ni les feuilles des arbres, ni le duvet ne se maintenaient longtemps à la surface. Heureusement, le Silas n'était pas fort large et l'on put le franchir sans avoir recours à des bateaux, ce qui aurait été impossible car ils auraient immédiatement sombré.

Les soldats qui avaient participé à la campagne d'Alexandre en haute Égypte s'y croyaient parfois transportés ; l'abondance des eaux leur rappelait les crues du Nil. Bien des fois les rivières, gonflées par les pluies d'été, obligeaient l'armée à faire de longs détours et, dans les eaux débordées, ils devinaient avec terreur les formes menaçantes des crocodiles et d'autres animaux inconnus qui, vautrés dans la boue, semblaient guetter l'imprudent qui se hasarderait à portée de mâchoire. L'on racontait aussi qu'il y avait, dans les forêts, des fourmis aussi grosses que des renards, qu'il n'était pas sans danger d'affronter, et des singes gigantesques fort capables d'assommer un homme si la fantaisie les en prenait.

Dans ces pays remplis d'une vie secrète et sauvage, les soldats d'Alexandre rencontraient des peuples aux mœurs étranges. Certains ne possédaient pas de villes, mais allaient de place en place, chassant les animaux dont la peau leur servait de vêtement, et mangeant l'écorce de certains arbres, semblables à des palmiers, dont ils buvaient aussi la sève. Les Grecs croyaient fermement que, avant l'arrivée de Dionysos, tous les habitants de l'Inde vivaient de la sorte et que c'était le dieu qui avait montré à certaines tribus l'art de construire des cités, et de cultiver les plantes utiles.

Et il est certain que tel ou tel des peuples établis sur le passage de l'armée pouvait, par ses mœurs, accréditer une telle croyance. Non seulement chez eux l'usage de la vigne et du vin y était général, mais ces peuples avaient coutume de se livrer, en maintes occasions, à des danses échevelées qui rappelaient de fort près celles des bacchantes ou celles que les Grecs attribuent aux satyres, qui sont les compagnons favoris de Dionysos. Ces jours-là, les Indiens se revêtaient de longues robes, pareilles à celles du dieu, et se mettaient sur la tête des bonnets semblables à la « mitre » de Dionysos. On les voyait, dans la campagne, aller en longues files dansantes, au son des fifres, des tambourins et des cymbales, comme en Grèce les dévots de Dionysos lors des fêtes de leur dieu.

La plupart des peuples de l'Inde avaient renoncé à la vie nomade. Les leçons de Dionysos avaient porté leurs fruits et les soldats d'Alexandre trouvèrent, quand ils arrivèrent dans le pays, un très grand nombre de cités. Toutes celles qui étaient établies dans les vallées, ou au bord de la mer, étaient construites en bois. Les habitants leur expliquèrent que la pierre étant fort rare, ils n'avaient à leur disposition comme matériaux que le bois ou la brique, mais que, dans les pays humides, exposés à des pluies fréquentes et violentes ou aux crues des fleuves, la brique n'était pas assez solide et ne tardait pas à se transformer en boue. Aussi avait-on recours au bois. On réservait la brique pour les régions montagneuses, où il pleuvait moins. C'est là que se trouvent, pour cette raison, les villes les plus grandes et les mieux fortifiées, car il est difficile de construire des murailles de bois : le moindre incendie en aurait trop facilement raison.

Les Grecs, toujours très vivement intéressés par les coutumes et les institutions des peuples, furent stupéfaits de constater que les Indiens avaient des lois beaucoup plus sévères que celles de Sparte, et qu'ils étaient soumis toute leur vie à des obligations dont les libres citoyens de Grèce n'avaient aucune idée.

Ils apprirent ainsi que les Indiens étaient divisés en sept classes — que l'on appelle des *castes*. La plus haute en dignité était celle des Sages ; elle était aussi la moins nombreuse. Les Sages n'étaient astreints à aucun travail ; ils n'avaient d'autre fonction que d'offrir des sacrifices aux dieux, et l'on considérait qu'un sacrifice qui n'aurait pas été célébré par leur ministère ne pouvait être agréable à la divinité. Même à l'intérieur des familles, ce n'était pas le père, comme cela se passait en Grèce, qui accomplissait les rites.

L'on devait avoir recours pour cela à un Sage, que l'on payait en conséquence, et que l'on nourrissait sur une part de l'offrande. Les Sages remplissaient aussi la fonction de prophète. Nul autre qu'eux n'était autorisé à rendre des oracles ; encore ne le faisaient-ils que sur des questions très générales : le temps qu'il ferait au cours de l'année, les épidémies, les récoltes, l'issue des guerres, et tout ce qui intéressait l'ensemble du peuple. Mais jamais aucun Sage ne s'abaissait à prédire quoi que ce fût à un simple particulier, dans une affaire privée. Cela était au-dessous de leur dignité, et l'on croyait communément que les dieux ne se souciaient pas des simples mortels. Les Sages se trompaient parfois dans les oracles qu'ils rendaient. On ne leur infligeait dans ce cas aucune punition ; on se contentait, lorsqu'ils avaient commis trois erreurs, de leur retirer le droit de prophétiser et ils devaient, à l'avenir, garder le silence.

Les Sages avaient coutume de vivre sans aucun vêtement ; l'hiver, ils allaient par les villes, se chauffant au soleil ; l'été, ils se retiraient dans les prairies et les endroits humides, où ils se mettaient à l'ombre des figuiers, abondants dans le pays, et d'une taille extraordinaire. Ces Sages ne prennent que fort peu de nourriture ; ils s'abstiennent de viande et préfèrent les fruits. Ils ne boivent que de l'eau.

La seconde classe était celle des cultivateurs, la catégorie de beaucoup la plus nombreuse. Chargés de cultiver la terre, ils ne sont jamais appelés à la défendre et ne peuvent toucher aucune arme. Ce sont eux qui paient la plus grande part des impôts et, de façon générale, assurent la subsistance du reste des citoyens. Aussi les gens de guerre ne les molestent-ils jamais. Même au plus fort des guerres, lorsque les bandes armées parcourent les campagnes, les cultivateurs continuent à labourer, à semer et à récolter en toute quiétude. Les vainqueurs se contenteront de percevoir à leur profit les redevances de la terre.

La troisième classe est celle des pasteurs. C'est parmi eux surtout que l'on rencontre les nomades ; ils vivent sur les collines, poussant devant eux leurs troupeaux de moutons ou de bœufs. Eux aussi ils paient des taxes aux rois, des sommes fixées d'après l'importance de leurs troupeaux. Ils aiment à chasser et à attraper toutes sortes d'oiseaux, dont ils font leur nourriture.

La quatrième classe est celle des artisans et des marchands. Ils vivent dans les villes, où ils ont des ateliers et des boutiques. Ils travaillent de leurs mains et, sur leurs bénéfices, sont astreints, eux aussi, à payer une taxe. C'est dans la même classe que se rangent les mariniers et les constructeurs des innombrables bateaux qui sillonnent les rivières.

La cinquième classe est composée de soldats. Eux ne s'adonnent à aucune industrie, à aucun travail. Toute leur vie, ils s'entraînent à la guerre. Ils n'ont même pas le souci de fabriquer leurs armes : ce sont les citoyens de la quatrième classe, les artisans, qui les forgent pour eux ; ils ne s'occupent pas de leurs chevaux, qui sont confiés à des palefreniers spéciaux ; ils sont servis par des valets d'armée, qui ne combattent pas, mais entretiennent les armes et les équipements, conduisent les éléphants et les chars. Les soldats, eux, lorsqu'il n'y a pas de guerre et qu'ils ne sont pas à l'entraînement, n'ont rien à faire qu'à banqueter et à boire, ce dont ils ne se privent pas. Ils reçoivent une solde généreuse et n'ont aucune autre obligation que de combattre lorsque le moment est venu.

La sixième classe est celle des « surveillants ». Ces hommes ont pour fonction d'aller par les villes et les campagnes et d'observer ce qui se passe, pour en faire leur rapport au roi. Ils ont le droit d'interroger les habitants, comme bon leur semble, et chacun a le devoir de leur répondre, sans rien dissimuler. On assure que jamais aucun Indien n'aurait l'idée de leur mentir.

La septième classe se compose des conseillers d'État, qui aident les rois à gouverner. À la vérité, cette classe est la moins nombreuse ; c'est là que se recrutent les gouverneurs de provinces, les trésoriers, les officiers de l'armée et de la flotte, les percepteurs des impôts et les intendants des domaines. Ils sont les agents des rois, agents dévoués et fidèles et, généralement, d'une grande expérience et d'une grande sagesse.

D'abord, les Grecs croyaient que tous les citoyens pouvaient, à leur choix, faire partie de l'une ou l'autre de ces classes. Ils furent vite détrompés. On leur apprit que l'on naissait dans telle ou telle, et qu'il était impossible d'échapper à sa condition ; de même, il était impossible de prendre femme en dehors de sa caste. Le fils d'un fermier serait fermier, le fils d'un soldat serait soldat, et le fils d'un conseiller d'État siégerait un jour à la place de son père. On ne tolérait qu'une seule exception : quiconque s'en sentait capable pouvait devenir l'un des Sages ; mais, là encore, il y avait bien des obstacles, car les Sages n'étaient pas disposés à admettre parmi eux le premier venu, et il fallait un long apprentissage de la science des dieux avant d'être autorisé à se promener tout nu et à rendre des oracles.

Ce système étonna beaucoup les Grecs ; certains en admirèrent la sagesse, mais la plupart se sentirent peu enclins à l'instaurer dans leur pays car il mettait des limites trop étroites à la liberté des citoyens. Les soldats, pour leur part, étaient portés à approuver une constitution qui leur assurait des valets et les dispensait d'astiquer leurs armes. Mais Alexandre soutenait que les armées indiennes, avec tout leur courage, étaient incapables de soutenir des efforts aussi continus que ses propres soldats, qui se passaient de valets et se servaient eux-mêmes.

Il arrivait parfois que les princes indiens convient les officiers macédoniens à des chasses, car le gibier était fort abondant, surtout dans les plaines et les forêts, au bord des rivières. C'est ainsi qu'ils leur donnèrent le régal d'une chasse à l'éléphant. Les Macédoniens étaient fort intrigués de savoir comment l'on pouvait capturer des animaux aussi gros, et surtout les capturer vivants. Ce fut donc avec une grande curiosité et, il faut bien le dire, aussi avec un peu d'appréhension qu'ils se rendirent, la première fois, à cette chasse.

Les Indiens avaient, depuis la veille, préparé le terrain où devait se dérouler la chasse. Après avoir pisté un troupeau, et s'être rendu ses habitudes familières, des serviteurs avaient fait choix d'une vaste plaine, largement éclairée par le soleil, et y avaient creusé un fossé circulaire, assez vaste pour contenir plusieurs hommes. La terre provenant du fossé avait été rejetée sur les deux bords, de façon à augmenter encore la profondeur en formant une sorte de mur, dans lequel ils s'étaient ménagé des abris, tournés vers l'extérieur, mais percés, sur le fossé, de petites ouvertures pareilles à des fenêtres. Cela fait, ils avaient disposé une passerelle assez solide pour supporter le poids des plus gros éléphants et enjambant le fossé. À l'intérieur de l'enclos, le matin de la chasse, l'on attacha des éléphants femelles, déjà dressées, et choisies parmi les moins turbulentes. Puis l'on coupa de grandes quantités d'herbe fraîche dont on recouvrit le pont, de façon à le dissimuler complètement et à lui donner la même apparence que la prairie environnante. Cela fait, tous les chasseurs se répartirent dans les abris ménagés à l'intérieur du mur de terre et l'affût commença.

Il est rare que des éléphants approchent, pendant le jour, les endroits habités par les hommes, mais, la nuit venue ils ont coutume d'errer par bandes, guidés par les mâles les plus âgés et aussi les plus vigoureux. Dès le coucher du soleil, le troupeau pisté par les chasseurs vint, comme l'on s'y attendait, à l'endroit où se trouvait l'enclos. Devinant la présence des femelles, les animaux se mirent à tourner autour du fossé en poussant des barrissements épouvantables, jusqu'au moment où ils découvrirent le pont. Alors ils se précipitèrent à l'intérieur, tandis que les chasseurs enlevaient le pont et annonçaient, par leurs cris et le son de leurs tambours, aux villages voisins, que le troupeau était pris.

Au matin l'on vit accourir, montés sur tous les éléphants disponibles, des foules de villageois. Ils venaient aider à la capture des animaux enfermés dans l'enclos, qui menaient un beau tapage et cherchaient par tous les moyens à recouvrer leur liberté. Toute la journée, on se garda bien de pénétrer dans l'enclos ; on laissa les éléphants sauvages se fatiguer, sans rien à manger, et surtout rien à boire. Puis, lorsque les chasseurs les jugèrent suffisamment calmés, ils remirent le pont en place et firent entrer les éléphants dressés. Au début, il y eut une belle bataille : les animaux sauvages se jetèrent sur les nouveaux venus, mais ceux-ci, plus forts, eurent assez vite raison de leurs adversaires, affaiblis par le jeûne. Dès que les hommes virent qu'il n'y avait plus de danger, ils se précipitèrent sur les éléphants, leur lièrent rapidement les pattes avec de fortes cordes et lancèrent des nœuds coulants autour de leur cou. À partir de ce moment, l'éléphant était dompté et se résignait à devenir esclave. Les animaux trop jeunes, ou qui présentaient des défauts physiques, furent remis en liberté. Les autres furent emmenés pour terminer leur dressage.

Les éléphants que virent un peu partout les Grecs dans les villes et les villages étaient employés à toutes sortes de tâches, dont ils s'acquittaient avec la plus grande intelligence. Il y en avait même que l'on avait habitués à jouer de la musique : deux cymbales étaient attachées à leurs pattes de devant, une autre à l'extrémité de leur trompe, et ils les entrechoquaient en mesure, tandis que d'autres éléphants, autour d'eux, faisaient une sorte de danse.

Mais les histoires que racontaient les Indiens étaient encore plus merveilleuses. On rappelait le cas d'un éléphant qui, ayant tué son conducteur dans un accès de colère, avait, par la suite, succombé au désespoir et au remords ; un autre, au cours d'un combat, avait recueilli le corps de son conducteur, tué par une flèche, et l'avait ramené pour que l'on pût lui donner une sépulture. Les traits d'intelligence des éléphants ne se comptaient plus ; aussi les Indiens considéraient-ils ces animaux comme presque divins et leurs rois en entretenaient des troupeaux considérables, qu'ils utilisaient surtout pour la guerre. C'est à leur imitation que, dans les années qui suivirent, les successeurs d'Alexandre possédèrent, eux aussi, des éléphants de guerre et que l'usage de cette cavalerie monstrueuse se généralisa dans toutes les armées antiques [1].

L'Inde, il est vrai, ne nourrissait pas que des éléphants. Dans les forêts vivaient des animaux de moindre taille, mais fort dangereux, comme le tigre qui,

1. Voir, en particulier, Hannibal et ses éléphants, in *Contes et récits de l'histoire de Carthage*, parus dans la même collection.

dit-on, attaque même les éléphants et parvient à les égorger en bondissant sur eux et en enfonçant ses crocs dans leur cou, et surtout les serpents. Il n'était pas rare que les soldats fussent mordus par des reptiles venimeux et la plupart ne tardaient pas à en mourir. Les médecins grecs ne pouvaient rien pour eux. Les Indiens, au contraire, possédaient contre les morsures de serpents des remèdes très efficaces, si bien qu'Alexandre avait réuni autour de lui plusieurs guérisseurs indigènes, qui se tenaient en permanence à la disposition de quiconque avait été piqué par un serpent. Et, de cette façon, on parvint à en sauver quelques-uns. Mais la terreur inspirée par les serpents aux soldats était telle que l'on n'avait guère besoin de leur recommander de ne pas s'égarer dans la campagne. Et peu à peu, en dépit de toutes les merveilles, de toutes les nouveautés, ils se prirent à détester un pays où à chaque pas rôdait la mort.

XXIV

LES SOLDATS D'ALEXANDRE REFUSENT DE SUIVRE LEUR CHEF

Après bien des combats et bien des aventures, Alexandre et ses soldats étaient parvenus au bord d'un fleuve plus large que les autres. Les gens du pays lui dirent qu'au-delà du fleuve s'étendait un pays désert, dont la traversée demanderait douze jours de marche. Tout de suite après, c'était le Gange, le plus grand de tous les fleuves de l'Inde ; et sur l'autre rive habitaient deux peuples : les Gangarides et les Prasiens, qui étaient sans contredit les plus nombreux et les plus puissants de l'Inde entière. Leur roi s'appelait Agrammès ; il avait, en tout temps, une armée de vingt mille cavaliers et de deux cent mille fantassins, avec plus de deux mille chars de guerre ; mais sa force principale consistait surtout en une troupe de trois mille éléphants, merveilleusement dressés au combat.

En entendant ces récits, Alexandre demeura incrédule et il demanda à Porus, qui l'accompagnait, si, à son avis, ils n'étaient pas très exagérés. Porus répondit que les chiffres que l'on avait donnés étaient parfaitement exacts ; et pour montrer qu'il était bien au courant des affaires des Gangarides, il raconta comment leur roi Agrammès était parvenu au pouvoir.

C'était, dit-il à Alexandre, le fils d'un barbier qui, autrefois, avait su se ménager les bonnes grâces de la reine, avait assassiné le roi, tué ses enfants, et s'était installé à leur place. Tel était le père d'Agrammès, dont les sujets n'avaient jamais oublié l'origine ; ils le méprisaient, mais ils le redoutaient et, certainement, combattraient avec la dernière énergie contre l'envahisseur. Porus était si bien renseigné qu'Alexandre ne put faire autrement que de le croire. Et il se prit à réfléchir qu'il ne serait peut-être pas aussi facile qu'il l'avait imaginé d'ajouter cette nouvelle conquête aux précédentes.

Mais son hésitation fut de courte durée. Sans doute les forces que l'on aurait à affronter étaient-elles redoutables, mais n'avait-on pas anéanti, dans le passé, des armées beaucoup plus considérables encore ? Et la passion de la gloire l'entraînant, il décida d'attaquer les Gangarides.

Afin d'annoncer sa décision aux soldats, il convoqua tout le monde à l'assemblée et leur dit :

— Je sais bien, soldats, que les habitants de ce pays vous ont raconté toutes sortes d'histoires, dans le dessein de vous épouvanter. On vous a dit que les peuples que nous avons devant nous sont les plus redoutables de l'Inde ; on vous a parlé de leurs armées, et surtout de leurs éléphants. Mais moi, votre roi, je viens vous dire de n'en rien croire. Autrefois, que ne vous avait-on dit de la puissance de Darius ? Et chaque obstacle, lorsque vous l'avez rencontré, s'est révélé beaucoup moins redoutable que ce que vous attendiez. Si nous avions écouté les mauvais prophètes, il y a longtemps que nous aurions quitté l'Asie. Que dis-je ? Nous n'y serions jamais entrés ! Et puisqu'il est question d'éléphants, rappelez-vous ce que l'on vous avait dit et rappelez-vous ensuite ce qui est arrivé. Quelques coups de sabre, et ces animaux terrifiants s'enfuyaient ; vous savez qu'il m'aurait été possible d'en organiser des bataillons ; si je ne l'ai pas fait, c'est que je sais, par expérience, qu'ils sont plus redoutables à l'armée qui les utilise qu'ils ne le sont à l'adversaire. Vous devriez vous réjouir de penser que les Gangarides les considèrent comme leur force la plus sûre. Ils ne vont pas tarder à s'apercevoir de leur erreur.

« On vous dit que les armées ennemies étaient innombrables. Et celles de Darius ? Et cependant, lorsque vous avez combattu pour la première fois les troupes perses, vous étiez seuls ; maintenant, vous avez avec vous la multitude des contingents scythes, perses, et ceux de la Bactriane, et ceux de Sogdiane ; tous les peuples de l'Asie sont à vos côtés. Mais je vous fais injure de penser que vous avez besoin d'aide. N'êtes-vous pas toujours pareils à ce que vous étiez lorsque vous avez, en trois batailles, anéanti l'empire de Darius ? Je vous demande seulement de conserver aujourd'hui le même courage que vous aviez jadis.

« Bientôt nous allons être arrivés aux limites du monde. Nous allons parvenir au rivage de l'Océan[1], qui est le terme extrême de la terre ; là se lève le Soleil. Ne reculons pas, au moment où notre gloire est sur le point de surpasser non seulement celle de tous les conquérants du passé, mais même celle des dieux, de Bacchus et d'Hercule. La récolte est mûre, il n'y a plus qu'à moissonner. La région où nous allons pénétrer est riche et ses habitants sont pacifiques ; ce n'est pas au combat que je vous mène, c'est au pillage !

1. Voir Entracte, p. XXIII.

« Au nom de tous nos exploits passés, de toutes nos victoires, au nom de toutes nos épreuves, je vous supplie, moi, votre roi, de ne pas m'abandonner. Je pourrais vous donner un ordre, je veux obtenir cette dernière grâce de votre affection pour moi. Que vos cris, que vos acclamations témoignent que vous êtes prêts à me suivre ! »

Mais les soldats gardaient obstinément la tête baissée, le regard fixé sur la terre. Au lieu, comme d'ordinaire, d'acclamer le roi, ils se taisaient et leur regard évitait de rencontrer le sien.

— Que vous ai-je donc fait ? reprit Alexandre. Quelle faute ai-je commise envers vous ? Suis-je au milieu de vous, parmi mes soldats ? Il me semble me trouver au milieu d'un désert. Pourquoi refusez-vous même de me regarder ? Vous sentiriez-vous donc coupables envers moi ? Où sont-ils, ces soldats qui défendaient leur roi blessé ? Eh bien ! soit, laissez-moi. Je continuerai seul. Seul j'affronterai l'ennemi ; seul ? Non. J'aurai avec moi les autres bataillons, les Scythes, les Perses ; les ennemis d'hier seront mes plus fidèles compagnons. La mort n'est rien. Partez, conquérants repus ; rentrez chez vous en triomphateurs et revenez sans votre roi !

Malgré des paroles aussi dures, les soldats s'obstinèrent dans leur silence. Ils attendaient que leurs officiers se fassent leurs interprètes auprès d'Alexandre et lui disent leur lassitude, leur fatigue extrême, l'incapacité où ils étaient presque tous de continuer à combattre. Le plus grand nombre était blessé ; d'autres étaient malades ; tous avaient, plus fort que tout autre sentiment, le désir de revoir leur patrie. Aussi, en entendant les prières du roi, en ayant conscience de mériter sa colère, ils étaient déchirés, pris entre l'affection qu'ils lui portaient, le sentiment de leur devoir, et l'impossibilité où ils se sentaient de lui obéir. Quelques-uns se mirent à pleurer et, de proche en proche, ce ne fut bientôt que larmes et gémissements.

Alexandre, lui aussi, se sentit gagner par l'émotion. Il cessa de parler et, encouragé par son silence, l'un des plus anciens parmi les officiers présents s'enhardit à prendre la parole. Sortant de la foule, il enleva son casque — ainsi le voulait la coutume lorsque l'on parlait au roi — et commença de la sorte :

— Roi, l'affection de tes soldats envers toi éclate. Leur courage est ce qu'il a toujours été. Ils sont prêts à aller où tu le leur ordonneras ; jamais ils ne t'abandonneront. Si tu décides de marcher, ils te suivront. Ils te suivront sans forces, épuisés. Mais si tu veux que tes soldats te parlent avec franchise, écoute-les ; ils parlent par ma voix ; écoute-moi.

« Nous avons, en te suivant, parcouru la terre entière ; nous avons accompli des exploits qui n'avaient jamais été encore réalisés ; nous sommes arrivés au terme du monde ; maintenant, tu veux aller encore plus loin et sortir de l'univers. Tu veux que ta marche s'étende plus loin que celle du Soleil. Cela est digne de toi, mais dépasse notre force à nous. Regarde-nous. Nos corps sont épuisés, cousus de cicatrices, nos armes sont émoussées. Il y a longtemps que nos esclaves ont renoncé à nous suivre ; plus personne pour nous servir. Nous sommes les conquérants du monde et nul ne nous épargne les mille tâches quotidiennes. Et ce sont ces soldats affaiblis, l'ombre d'eux-mêmes, que tu voudrais opposer aux éléphants des Gangarides ? Si tu veux atteindre l'Océan, dirige nos pas vers le sud ; la route est plus courte. Renonce à aller plus loin vers l'Orient. Tu auras moins de mal à parvenir à ces rivages qui terminent la terre. Voilà ce que te demandent tes soldats, au nom de ce qu'ils ont accompli pour toi, au nom de l'affection qu'ils te portent. »

Alors les soldats joignirent leurs supplications à celles que venait d'exprimer l'orateur. Tous, avec le plus grand respect, le priaient d'avoir pitié. Aucune voix ne s'éleva pour contredire ce qui était le vœu de tous.

Et Alexandre, dépité de se voir abandonné par les siens, entra dans une violente colère. Mais que pouvait-il faire ? Dans sa rage, il quitta son trône et courut dans sa tente. Ses gardes eurent l'ordre de ne laisser entrer personne et, pendant deux jours, il demeura tout seul. Deux jours durant, il s'abandonna à sa colère — peut-être se souvenait-il d'Achille, irrité contre Agamemnon et l'assemblée des Grecs, et, lui aussi, enfermé dans sa tente. Mais devant Troie, Achille était sûr que viendrait l'heure de la revanche. Les Troyens attaqueraient et, à quelque moment, force serait bien aux Grecs de réclamer son aide. Alexandre, lui, ne pouvait rien espérer de semblable. Il savait que personne, dans ce pays soumis, ne l'attaquerait ; que ses soldats n'auraient aucun besoin de son aide et, de cela, il enrageait. Enfin, quand il se fut bien pénétré de la situation, il se résigna. Mais avant de reprendre la route de l'Ouest, il voulut laisser un monument durable au point le plus oriental atteint par sa conquête. Au matin du troisième jour, il sortit de sa tente et donna l'ordre d'élever, en l'honneur des douze dieux de l'Olympe, douze autels en solide pierre de taille. Ce seraient les bornes de son empire.

Puis, la mort dans l'âme, il revint sur ses pas.

XXV

LE CHEMIN DU RETOUR

Alexandre revenait tristement, et son armée n'était pas moins abattue que lui-même ; la joie de reprendre le chemin de la Macédoine ne parvenait pas à effacer chez les soldats l'amertume d'avoir déçu leur chef. Les plus las d'entre eux avaient été installés dans deux villes fondées par le roi, qui avait nommé l'une Nicé, c'est-à-dire Victoire, et l'autre Bucéphale, en souvenir de son cheval, qui l'avait accompagné jusqu'au bord de l'Hydaspe et, là, s'était éteint d'épuisement et de vieillesse, car il avait plus de trente-trois ans. Jamais il n'avait consenti à se laisser monter par un autre cavalier qu'Alexandre, et Alexandre avait pour lui une grande affection.

Une fois, tandis que l'armée traversait le territoire des Uxiens, Bucéphale avait disparu ; des maraudeurs ennemis l'avaient volé. Alexandre, aussitôt, fit proclamer son intention de massacrer tous les Uxiens jusqu'au dernier s'il ne retrouvait pas son cheval. Le lendemain, il retrouva Bucéphale, attaché au piquet de sa tente, comme à l'ordinaire. Alexandre en fut si heureux qu'il exempta les Uxiens des contributions de guerre habituelles.

Les historiens qui ont raconté l'histoire d'Alexandre ne s'accordent pas sur l'origine du nom de Bucéphale que portait ce cheval admirable. Les uns assurent qu'il était entièrement brun mais portait, sur le front, une tache blanche qui avait la forme d'une tête de bœuf. C'était le signe de sa destinée prodigieuse, et les dieux l'avaient ainsi marqué parce qu'il n'était pas semblable aux autres chevaux, indignes, eux, de porter Alexandre. Mais il est aussi des historiens qui assurent que Bucéphale, alors qu'il n'était encore qu'un jeune poulain, avait été marqué d'une tête de bœuf par le maître du troupeau, selon la coutume dans les grands élevages thessaliens.

En quelques étapes, Alexandre traversa le royaume de Porus, qui n'était pas fâché, lui, de la décision imposée par l'armée ; et bientôt il se retrouva sur les bords de l'Hydaspe. Là était mouillée sa flotte. Et Alexandre, se souvenant du conseil qu'on lui avait donné de se diriger vers le sud pour rencontrer à moindre frais l'Océan qu'il n'avait pu atteindre vers l'Orient, décida de s'embarquer avec toute l'infanterie et de faire suivre la cavalerie, les éléphants et les bagages par la route de terre. Mais ce voyage, que l'on croyait devoir être facile, se révéla au contraire hérissé de difficultés.

Ce furent d'abord les habitants de la contrée, une fois que l'on eut quitté le royaume de Porus, qu'il fallut réduire par la force. Ces habitants étaient à peu près complètement sauvages ; ils n'étaient vêtus que de peaux de bêtes et n'avaient comme armes que des massues, ce qui fit naître, chez les Grecs qui accompagnaient Alexandre, la légende que c'étaient là des compagnons d'Hercule, autrefois installés dans ce pays par le héros. En hordes furieuses, ils attaquaient sans cesse le convoi des bagages, et rien n'était à l'abri de leur audace. Alexandre dut débarquer avec ses soldats et monter une expédition pour les réduire.

Ces peuplades avaient des sortes de villes, entourées

de murailles, où ils cherchaient refuge. Il fallut en faire le siège, ce qui demanda beaucoup de temps. Puis la nature elle-même sembla joindre ses efforts à ceux des habitants pour retarder le roi. Un jour, la flotte parvint au confluent de l'Hydaspe et de l'Acésinès ; la rencontre de ces deux courants produit des remous d'une grande violence, qui ressemblent aux vagues de la mer ; de plus, à cet endroit, le lit du fleuve se resserre et les navires doivent suivre un étroit chenal, d'autant plus dangereux que le courant est plus rapide.

Les deux premiers navires qui abordèrent ce passage furent pris dans un remous, jetés contre les rochers de la rive et engloutis en un instant. Les bâtiments plus légers s'en tirèrent à moindre mal ; le fleuve se contenta de les rejeter sur des bancs de sable où ils s'échouèrent. Ensuite venait la galère royale ; avant que l'on eût le temps d'esquisser une manœuvre, elle fut prise, elle aussi, par le rapide et se mit à tournoyer sans obéir au gouvernail ; elle était ballottée de-ci de-là, emportée comme un brin de paille par les tourbillons. Alexandre, debout sur le gaillard d'arrière, s'était dépouillé de ses vêtements, prêt à plonger. Ses amis, eux, s'étaient déjà mis à l'eau et au prix de grands efforts se maintenaient à la surface, pour l'aider à regagner la rive s'il venait à être précipité dans le fleuve. Mais les rameurs, dans un effort surhumain, se mirent à accélérer la cadence ; on sentit le navire vibrer et, peu à peu, prendre assez de vitesse propre pour sentir de nouveau l'action du gouvernail et maintenir une course à peu près rectiligne à travers le courant. Évitant par miracle des rochers immergés, il parvint à gagner des bas-fonds plus paisibles et à s'échouer doucement.

Cette mauvaise passe franchie, d'autres dangers attendaient les soldats. Il leur fallut encore affronter des populations très belliqueuses. Mais les dieux voulurent que ce péril, à peine entrevu, se dissipât. Voici en effet ce qui se produisit.

Un jour, les éclaireurs vinrent annoncer au roi qu'une armée ennemie se rassemblait sur les rives du fleuve. Il y avait quatre-vingt-dix mille fantassins, dix mille cavaliers et neuf cents chars. Les Macédoniens furent épouvantés. Ainsi, ils avaient refusé de suivre leur roi par crainte des Gangarides, et le chemin du retour se fermait aussi pour eux. Ils se mirent à murmurer plus que jamais contre Alexandre, à l'accuser de vouloir les entraîner au-delà des pays du Soleil, et de commettre une grave impiété en tentant de violer les secrets de la nature. Après ces ennemis, il y en aurait encore d'autres ; et, même s'ils les mettaient en déroute, au-delà ce seraient encore de nouveaux périls : un Océan inconnu du Soleil, plein de bêtes monstrueuses, et peut-être le pays des morts.

Alexandre, lui, était moins effrayé que ses soldats, mais le découragement de l'armée ne laissait pas de l'inquiéter. Il réunit une fois de plus l'assemblée et, en quelques mots, apprend aux soldats que les ennemis qui les menacent comptent parmi les peuples les moins vaillants de toute l'Inde, qu'ils ne sont si nombreux que parce qu'ils ont peur et que, d'ailleurs, le chemin qu'ils suivaient était celui du retour.

À ces paroles de leur roi, les soldats reprennent courage, acclament Alexandre et demandent à marcher à l'ennemi. Le soir même, on était en vue du camp de l'adversaire, qu'illuminaient de grands feux. Il y avait certainement là une armée considérable. Toute la nuit se passa en alarme, par crainte d'une surprise. Mais lorsque le jour se leva et que les bataillons prenaient déjà les formations de combat, subitement, sans aucune raison apparente, l'on vit les lignes ennemies se disloquer, les soldats indiens jeter leurs armes et fuir dans toutes les directions. À la débandade, ils gagnèrent des hauteurs boisées, inaccessibles, où les Macédoniens ne purent les poursuivre. Ce miracle fut attribué par les soldats à la volonté des dieux, en particulier au dieu Pan qui, lorsqu'il le veut, inspire, sur le champ de bataille, une terreur invincible aux armées. Et ils furent plus que jamais persuadés que leur roi jouissait de la protection divine.

De cette protection, Alexandre allait, à quelques jours de là, avoir un besoin pressant. Malgré la déroute de l'ennemi, Alexandre n'était pas entièrement rassuré et il ne voulut pas aller plus loin avant d'être certain qu'il ne se produirait de leur part aucun retour offensif. Aussi donna-t-il l'ordre d'attaquer la capitale. Aussitôt arrivé devant la ville, il déploya ses troupes et allait donner le signal de l'assaut lorsqu'un devin se présenta et lui conseilla, de la façon la plus pressante, de ne pas attaquer la ville, ou du moins de différer l'assaut. Alexandre, impatienté, lui dit :

— Suppose qu'au moment où tu es en train d'ouvrir une victime pour examiner les entrailles, quelqu'un vienne t'interrompre et te gêne dans ton métier, est-ce que tu ne serais pas tenté de l'envoyer à tous les diables ?

Et comme l'autre, stupéfait, ne répondait pas, Alexandre continua :

— Eh bien ! mon métier, à moi, est de prendre les villes. Est-ce que tu crois que j'ai le temps de m'occuper des entrailles de brebis ? Laisse-moi tranquille et occupe-toi de ce qui te regarde !

Puis, sans se soucier davantage du devin, il fit approcher du mur les échelles et déclencha l'assaut. Et comme les soldats hésitaient à monter, il bondit le premier et, en un instant, se trouva au haut du mur. Celui-ci était muni d'un parapet exigu, sans créneau pour livrer passage, et le roi se trouva arrêté par cet obstacle, debout sur une corniche fort étroite. Cependant les assiégés, des tours voisines, faisaient converger sur lui toutes leurs armes de jet. De son bouclier, il repoussait les coups, mais cela ne pouvait durer longtemps. D'un moment à l'autre, un javelot mieux dirigé, plus lourd que les autres ou lancé plus violemment, pouvait percer le bouclier et, sous le poids, rompre les courroies qui le retenaient et l'arracher au bras du roi.

Les soldats, au pied du mur, honteux d'avoir été devancés et craignant pour Alexandre, s'élancèrent à leur tour sur les échelles. Mais dans leur ardeur, ils se bousculaient, se gênaient et, finalement, chargèrent trop les échelles, qui cédèrent sous leur poids. Et le roi resta seul dans sa position incommode et périlleuse. Il sentait que son bras se fatiguait et qu'il ne pourrait tenir longtemps. Déjà ses amis, dans le fossé, lui criaient de sauter et de revenir vers eux, et qu'ils amortiraient sa chute. Mais lui, plutôt que de reculer, eut une inspiration d'une audace folle. D'un grand effort, il fit un rétablissement sur le parapet et, du même élan, sauta à l'intérieur de la ville ! Par bonheur, il retomba sur ses pieds et put faire face à la meute des ennemis accourus contre cet adversaire unique, en qui ils avaient reconnu le roi.

De plus il se trouva qu'en cet endroit un vieil arbre lui offrit un abri naturel ; ses branches, au feuillage épais, arrêtaient les javelots et les flèches ; et son tronc était si large qu'Alexandre put s'y adosser sans crainte d'être pris à revers. Cette circonstance lui permit de résister au nombre toujours croissant des assaillants qui se gênaient entre eux, et dont les coups portaient plus souvent sur les branches que sur le roi lui-même. Mais quelques pierres, lancées violemment, avaient atteint son casque ; son bouclier était hérissé de traits et s'alourdissait d'instant en instant. L'ennemi, voyant que ses forces diminuaient, redoubla d'efforts ; quelques-uns, sans précaution, se lancèrent à l'assaut, mais lui les reçut à la pointe de l'épée, et les imprudents payèrent leur audace de leur vie. Cela rendit les autres plus circonspects, et, pendant un long temps, ils se contentèrent de lancer contre lui flèches et javelots.

Alexandre, les genoux fléchis, se dissimulait presque tout entier derrière son bouclier, attendant que les siens vinssent le secourir. Soudain une longue flèche, mieux ajustée que les autres, plus longue aussi, traversa la cuirasse et se fixa un peu au-dessus du flanc droit. La blessure se mit à saigner abondamment, si bien qu'Alexandre, déjà affaibli par ce long combat, n'eut pas la force d'arracher le trait ; et l'homme qui l'avait blessé se précipita, croyant déjà tenir la victoire ; au moment où sa main toucha le bouclier, Alexandre, dans un dernier sursaut, reprit son épée qu'il avait abandonnée, et le transperça. Le cadavre de l'homme s'écroula à ses pieds, et la terreur que cela inspira aux autres les tint un moment en respect. Mais l'issue du combat n'était désormais plus douteuse. Il était évident que ses forces abandonnaient Alexandre ; et, sans aucun doute, il aurait péri, accablé sous le nombre, si ses amis n'étaient enfin venus à son secours.

Pendant qu'Alexandre combattait, on avait réussi à réparer les échelles et, un à un, les gardes du corps s'élancèrent par-dessus la muraille, à l'endroit où Alexandre avait disparu. Lorsqu'il les vit, le roi s'abandonna et tomba sur le sol, épuisé, à côté de son bouclier. Eux, toujours combattant, réussirent à le protéger, tandis que les renforts arrivaient, de plus en plus nombreux. La nouvelle s'était répandue parmi les Indiens que le roi des ennemis était abattu, et tous accouraient pour assister à la curée. Ce fut leur perte. Dans leur élan irréfléchi, ils abandonnèrent le mur ; les Macédoniens purent enfin le franchir en masse ; les premiers à sauter dans la ville se rendirent maîtres des portes, les ouvrirent, et toute l'armée se répandit par les rues. Eux aussi avaient entendu dire qu'Alexandre était blessé ; la nouvelle de sa mort avait même été répandue. Loin de les désespérer, l'idée qu'ils avaient perdu leur roi les rendit furieux ; irrésistiblement, ils bousculèrent les Indiens accourus, chacun se figurant que l'ennemi qu'il rencontrait était celui qui avait tué Alexandre. En un instant, tous les habitants furent massacrés ; on n'épargna personne et, bientôt, la ville fut prise.

Dès qu'on le put, Alexandre fut ramené dans sa tente ; il était toujours évanoui. La flèche qui l'avait blessé était encore dans la plaie, et les médecins étaient fort embarrassés. En examinant la blessure, ils constatèrent que la flèche était pourvue de dents qui empêchaient de l'extraire. Pour cela, il fallait élargir la plaie, mais cela n'allait-il pas provoquer une hémorragie considérable ? Et dans l'état où se trouvait le roi, il était fort à craindre qu'une perte de sang supplémentaire ne fût fatale. Les médecins hésitaient, ne savaient que faire, lorsque Alexandre revint de son évanouissement, ouvrit les yeux et s'écria :

— Vous allez me faire attendre longtemps ? Ôtez-moi cette flèche !

Et les médecins, voyant qu'ils devaient tenter l'opération coûte que coûte, se résignèrent à arracher le fer. Comme ils l'avaient prévu, l'hémorragie reprit de plus belle et le roi, de nouveau, perdit connaissance, si bien que tout le monde crut qu'il avait rendu l'âme. La désolation emplit le camp ; mais les médecins affirmaient que le roi respirait toujours et cela rendit un peu d'espoir. Le lendemain, Alexandre reprit conscience ; il put reconnaître ceux de ses officiers qui vinrent le visiter, et, une semaine plus tard, il était debout et reprenait ses occupations habituelles.

Les Indiens avaient répandu le bruit de sa mort. Pour les détromper, le roi, dès qu'il fut rétabli, se montra en public ; et cela fit plus pour épouvanter l'ennemi que n'auraient pu le faire vingt victoires. Bientôt, tous les peuples du voisinage lui envoyèrent des députés et demandèrent la paix. Il signa avec tous des traités d'alliance et, délivré de soucis, poursuivit la descente du fleuve. Bientôt les pilotes dirent qu'ils reconnaissaient, dans la brise, les effluves de la mer ; le fleuve se faisait plus large, l'horizon plus vaste ; les oiseaux qui venaient tourner autour des navires n'étaient plus ceux de la terre. Enfin, un soir, on mouilla près d'une île, heureux à la pensée que, le lendemain, on aurait atteint l'Océan.

Mais voici qu'au milieu de la nuit, les hommes sentirent les bateaux agités par un courant qui remontait celui du fleuve. Autour d'eux l'eau montait, recouvrait les rives de l'île. On donna l'alarme. Les pilotes, déconcertés, firent lever les ancres, si bien que les navires furent pris par le flux et se dispersèrent çà et là ; quelques heures plus tard, le sens du courant se renversa, l'eau reprit son niveau primitif, et les navires qui avaient fui vers la rive se trouvèrent échoués dans la vase.

Alexandre et ses soldats venaient, à leur grand dam, de découvrir la marée, dont ils n'avaient jusque-là aucune idée. D'abord, ils crurent que c'était un prodige effrayant, envoyé par les dieux pour les détourner d'une région où il était impie de pénétrer. Les soldats étaient plus découragés que jamais. Ils ne comprenaient rien à ce naufrage en plein calme. Alexandre, lui, se hâta d'envoyer des cavaliers vers l'aval, pour tenter d'avoir quelque renseignement.

Pendant ce temps, il rassure les soldats, fait réparer les navires endommagés — la plupart avaient eu leurs rames fracassées pendant le flux —, redresser ceux qui s'étaient couchés à l'échouage et, au matin, lorsque les cavaliers revinrent à toute bride, précédant de peu la marée, tout était prêt. La marée montante fut accueillie par tous comme un miracle ; on vit peu à peu les navires se soulever, se remettre à flot, tandis que les grèves étaient de nouveau submergées et que le paysage redevenait ce qu'il avait été la veille. Alexandre ordonna aussitôt d'appareiller et, vers midi, toute la flotte mouillait en mer, ayant enfin atteint cet Océan tant désiré.

XXVI

LE VOYAGE DE NÉARQUE

Alexandre avait atteint les bords de l'Océan qui étaient, à ses yeux, la limite du monde. N'est-ce pas de l'Océan que, chaque matin, sort le soleil, et dans l'Océan qu'il se couche chaque soir, pour recommencer le lendemain sa course ? Océan immense, animé d'une respiration pareille à celle d'un immense monstre ; Océan dont les Anciens avaient fait un dieu, l'un des premiers-nés parmi les enfants du Ciel et de la Terre !

Alexandre était tenté de continuer sa découverte du monde et de revenir par mer à Babylone. Mais comment poursuivre avec toute son armée semblable aventure ? Tout bien considéré, il ne pouvait s'embarquer ainsi vers l'inconnu, sans pilote, sans équipage expérimenté, au hasard d'être immobilisé par des calmes et de ne pas trouver, aux escales, le ravitaillement exigé pour la subsistance de milliers d'hommes. Après tant d'exploits et des années de bonheur presque ininterrompu, il eût été fou de tout compromettre, et, peut-être, de périr misérablement sur quelque récif d'une mer inexplorée. Qui sait si l'Océan ne recélait pas encore quelque phénomène plus terrifiant, plus redoutable que la marée ?

Pourtant, le roi ne se résignait pas à ne pas reconnaître le rivage de son empire. Il avait là une occasion unique d'étonner un peu plus le monde : il ne pouvait la négliger. Finalement, après avoir mûrement réfléchi, il résolut de faire explorer par d'autres les rivages de l'Océan, entre l'Inde et l'embouchure de l'Euphrate. Mais une première difficulté se présenta : qui choisir comme amiral ? Quel officier était assez estimé de ses hommes pour que l'on pût imposer à ceux-ci d'embarquer sous ses ordres, sans leur donner l'impression qu'on les envoyait à une mort certaine ?

Alexandre exposa le problème à Néarque, son plus intime ami, et lui demanda de lui suggérer une solution. Néarque commença de nommer les principaux officiers, mais, chaque fois, Alexandre élevait quelque objection : l'un, à l'en croire, n'était pas disposé à risquer sa vie en une telle aventure ; l'autre n'avait pas assez de courage ; un troisième ne songeait qu'à retourner dans sa patrie ; bref, personne ne trouvait grâce à ses yeux. Si bien que, finalement, Néarque s'écria :

— Eh bien ! Roi, c'est moi qui prendrai le commandement de la flotte. Et puissent les dieux me venir en aide ! Je m'engage à ramener hommes et bateaux à Babylone, s'il est possible de naviguer sur cette mer, et si la chose est faisable pour un mortel.

Alexandre commença par pousser de grands cris, mais Néarque insista et Alexandre (qui, peut-être, n'avait pas eu d'autre idée dès le début) finit par consentir. Néarque reçut le titre d'amiral de la flotte en même temps que le commandement suprême de toute la partie de l'armée que l'on embarqua sur les navires. Choix excellent qui, dès le début, rassura les hommes. Chacun savait l'affection du roi pour Néarque, et l'on se dit qu'Alexandre n'aurait jamais envoyé son ami à une mort certaine : c'était donc que l'entreprise était faisable et qu'il y avait des chances sérieuses de s'en tirer. D'ailleurs, le roi n'avait-il pas accompagné les navires jusqu'aux bouches de l'Hydaspe ? Il était peu croyable qu'une navigation commencée sous de pareils auspices et, en quelque sorte bénie par Alexandre lui-même, ne fût pas heureuse jusqu'au bout !

Les préparatifs occupèrent tout l'été. Les hommes prenaient leur temps et l'on ne les pressait pas, car il fallait attendre la fin de la mousson : ce vent, qui souffle pendant tout l'été, vient de la mer, et aussi longtemps qu'il soufflait, il était impossible de quitter la côte. Enfin, avec les premiers jours de l'automne, on put partir.

On commença par s'éloigner des bouches de l'Hydaspe, en profitant de l'abri offert par les îles qui se trouvent là. On faisait de fréquentes escales, et les hommes descendaient pour chercher des coquillages et attraper tout le poisson qu'ils pouvaient. Néarque désirait épargner autant que possible les réserves de vivres, car il ne savait pas ce que réservait l'avenir, et le grand nombre de soldats embarqués avait empêché d'emporter beaucoup de provisions. Heureusement ces rivages étaient particulièrement abondants en huîtres, en moules et en poissons plats, assez semblables aux soles, que soldats et matelots appréciaient beaucoup. Il était plus difficile de se procurer de l'eau douce et, bien souvent, celle que l'on trouvait, dans des sources ou des marais voisins de la côte, était salée et désagréable au goût. Il fallait bien s'en contenter, pourtant, et faire contre mauvaise fortune bon cœur.

Passé l'abri des îles, on continua de naviguer, le cap à l'ouest, en longeant la côte d'aussi près que possible. Ce qui n'allait pas sans danger car la mer forme, parallèlement au rivage, une barre violente, capable de fracasser les navires. Le plus souvent il fallait, le soir, jeter l'ancre en haute mer, et les hommes devaient gagner la terre à la nage. Ce qui n'était pas pour leur déplaire car le temps était chaud et, après une lourde journée passée à bord, sous le soleil, ce bain, au crépuscule, n'était pas sans charme. À mener cette vie, les hommes devenaient bruns et hâlés, presque aussi noirs que les Indiens.

Pendant quelques jours, le rivage se révéla désert. Mais un soir, la flotte arriva près de l'embouchure d'un torrent. Une lagune s'étendait le long de la côte, et là ils trouvèrent un village. C'étaient deux ou trois cents cases étroites, fort primitives d'aspect, alignées au bord de la lagune. Quand les habitants virent arriver ces navires, ils furent visiblement stupéfaits, puis, se ressaisissant aussitôt, ils prirent position sur le rivage, prêts à en interdire l'accès aux arrivants. Ils brandissaient de longs épieux dont l'extrémité, noircie, semblait avoir été durcie au feu.

Tout cela n'était guère rassurant. Néarque évalua leur nombre à quelque six cents hommes. Il aurait été imprudent de débarquer sans protection. C'est pourquoi les pilotes reçurent l'ordre de tourner les poupes vers la haute mer, et de reculer, en approchant le plus possible du rivage, jusqu'à ce que l'on fût à portée de flèche. Cela fait, les archers se mirent à tirer sur les indigènes. En même temps, Néarque désigna les meilleurs nageurs parmi les soldats, et leur ordonna de plonger avec leurs armes, et de nager en direction de la côte. Ils devaient s'arrêter aussitôt qu'ils auraient pris pied et, sans sortir de l'eau, s'attendre les uns les autres, pour prendre leurs formations de combat. Après quoi, ils s'élanceraient à l'assaut, en faisant le plus de bruit possible, et se précipiteraient sur l'ennemi. Les ordres de Néarque furent scrupuleusement exécutés. Les soldats plongèrent, nagèrent vigoureusement et, quelques instants plus tard, on les vit former une phalange et s'ébranler, comme à la parade, au milieu des gerbes d'eau qu'ils soulevaient en courant. Leurs camarades, archers et frondeurs, redoublèrent d'efforts pour harceler l'ennemi qui, sans attendre le choc, tourna le dos et s'enfuit vers l'intérieur. Il y eut quelques morts parmi les indigènes : les flèches en avaient tué quelques-uns ; d'autres, blessés aux jambes, ne coururent pas assez vite, et on fit des prisonniers, que tout le monde vint examiner avec curiosité. Ils avaient le corps recouvert de poil, et leurs ongles, longs et acérés, ressemblaient à des griffes. Ces ongles leur servaient comme de couteaux ; ils en déchiraient la chair des poissons, qui semblait être leur principale nourriture, et même en taillaient des morceaux de bois tendre. Ils n'étaient pas sans vêtements, mais se couvraient de peaux de bêtes ; il y en avait même certains qui étaient vêtus de la peau épaisse de gros poissons.

En cet endroit, la flotte demeura six jours ; on répara les avaries, on s'empara des quelques provisions qui se trouvaient dans le village et les hommes se reposèrent. Puis l'on reprit la mer et le voyage continua. Maintenant, les villages se faisaient plus nombreux ; ils étaient habités par des gens semblables à ceux qui avaient fait si mauvais accueil aux soldats, mais, instruits sans doute par l'exemple, ils se montraient plus hospitaliers. La nouvelle avait dû se répandre que les hommes qui longeaient la côte étaient irrésistibles, qu'ils possédaient des armes redoutables, et qu'il valait mieux se les concilier. C'est pourquoi il n'était pas rare de voir les villageois, lorsque les bateaux approchaient, faire des signes d'amitié en agitant des branches de palmiers, et, lorsque les premiers soldats débarquaient, venir vers eux en leur offrant des dattes, du poisson et même des moutons.

Les soldats, qui n'avaient pas mangé de viande depuis fort longtemps, se jetèrent avidement, le premier jour, sur ces moutons, et se hâtèrent de les faire cuire. Mais ils furent bien déçus, car la chair en était molle et exhalait une violente odeur de poisson. L'on sut, par la suite, que ces moutons se nourrissaient surtout de poisson, comme les indigènes, car l'herbe ne poussait guère sur cette côte recouverte de sable. Ce qui leur donnait une saveur comparable à celle des oiseaux de mer. Pourtant, tels qu'ils étaient, ces moutons furent dévorés. La nourriture devenait, de jour en jour, un problème angoissant. Il n'y avait plus guère de provisions à bord, plus de blé notamment, et les hommes commençaient à murmurer. Néarque décida de s'en procurer à tout prix.

Or, un jour, ils découvrirent, sur la côte qu'ils longeaient, une petite ville, qui se dressait au sommet d'une colline. Ce n'était plus, comme auparavant, un village de paillotes, mais une véritable ville, avec des murailles de pierre. Néarque se dit qu'ils trouveraient là de quoi se ravitailler en abondance, et que des hommes capables d'élever des fortifications ne pouvaient manquer de connaître l'usage du blé. D'ailleurs, lui-même avait vu flotter sur la mer, à quelque distance, une botte de paille, ce qui le confirma dans son espoir. Aussi donna-t-il à l'un de ses lieutenants, un Macédonien nommé Archias de Pella, l'ordre de s'emparer de la ville. Assurément, il ne pouvait être question d'entreprendre un siège en règle ; cela eût demandé trop de temps, et aussi un matériel que l'on ne possédait pas. Et puis, comment songer à un siège lorsque les hommes n'avaient pas de quoi manger à leur faim ? Archias reçut donc la mission de prendre la ville par surprise, et au besoin par trahison. Et voici comment l'on procéda.

La flotte, sous les ordres d'Archias, fit mine de s'éloigner et de gagner la haute mer. Un seul navire, sur lequel se trouvait Néarque, vint accoster au rivage. Néarque en descendit, avec une bonne escorte, et avança vers la ville, comme s'il désirait la visiter. Les indigènes se portèrent à sa rencontre, avec des démonstrations d'amitié, et chargés de présents. Il y avait des thons entiers cuits dans d'énormes plats de terre. C'était la première fois que les Grecs rencontraient, dans cette région, des hommes qui se nourrissaient d'autre chose que de poisson cru. Avec les thons, les gens de la ville offrirent aussi quelques gâteaux et des dattes fraîches.

Néarque accepta tout cela avec plaisir et fit comprendre, par signes, qu'il désirait visiter la ville. Les habitants le lui permirent, et l'on ouvrit les portes toutes grandes. Mais dès que Néarque fut entré, il ordonna à deux des archers qui l'accompagnaient d'occuper la porte, tandis que lui-même, avec le reste de l'escorte, montait sur le mur et, de loin, fit le signal convenu avec Archias.

Aussitôt les navires, qui n'étaient pas encore bien loin, revinrent vers la rive ; des hommes en sautèrent et gagnèrent le bord à la nage. Les indigènes, stupéfaits, n'avaient pas encore eu le temps de prendre les armes que déjà les Macédoniens entouraient la ville. Un homme, qui parlait à peu près la langue du pays, cria aux habitants que, s'ils voulaient sauver la ville, il leur suffisait de donner aux étrangers tout le blé qu'ils possédaient. Les gens de la ville répondirent qu'ils n'en avaient pas, et se mirent en devoir de résister. Alors les Grecs firent pleuvoir sur eux une grêle de flèches, et comme les indigènes n'étaient armés que de lances fort primitives, ils ne purent continuer longtemps leur résistance. Quand ils virent que les étrangers étaient partout à la fois, ils supplièrent Néarque de bien vouloir accepter tout le blé qu'ils possédaient, et de s'en aller sans détruire leur ville. Néarque fit d'abord occuper par les soldats d'Archias toutes les issues de la ville, ainsi que la muraille, puis il chargea quelques hommes de se faire livrer le blé promis.

Ainsi contraints de montrer tout ce qu'ils avaient comme provisions, les indigènes menèrent les soldats aux greniers. Là, il n'y avait que peu de blé, mais quantité d'une farine que les Grecs prirent d'abord pour du froment et qui n'était en fait qu'une poudre fabriquée avec du poisson séché. Dans le pays, on utilisait cette farine malodorante pour faire des galettes qui remplaçaient le pain. Quant au blé, il était si rare qu'on ne s'en servait qu'aux jours de fête. Les Grecs se retirèrent avec un maigre butin, heureux pourtant d'avoir, pour le moment au moins, échappé à la famine.

De loin en loin, en suivant la côte, les Grecs voyaient des indigènes occupés à pêcher. Le plus souvent, ces pêcheurs n'avaient pas de bateaux ; ils se contentaient, lorsque la marée baissait, de fouiller les creux que la mer, en se retirant, laissait pleins d'eau. Là, ils pouvaient attraper, avec les mains, quantité de poissons, le plus souvent petits, mais parfois aussi assez gros. Les plus habiles savaient se fabriquer des filets, avec des fragments d'écorce de palmier, dont les filaments leur fournissaient une sorte de ficelle grossière. Le poisson qu'ils avaient capturé de la sorte, ils le mangeaient cru, du moins les espèces les moins coriaces. Quant aux autres, ils les laissaient sécher au soleil, et c'était le poisson séché, qui, pilé dans des mortiers, était transformé en farine. Lorsque la flotte passait auprès des villages, le vent apportait jusqu'aux navires l'odeur âcre des poissons en train de sécher au soleil, et cette odeur était devenue, pour les hommes, inséparable de cette côte interminable, sableuse et basse, qui commençait à leur faire horreur.

Maintenant, les villages n'étaient plus formés de paillotes recouvertes de palmes ; c'étaient encore les poissons qui fournissaient les matériaux des maisons. Les indigènes recueillaient soigneusement, sur la plage, les plus gros ossements que rejetait la mer — et il y en avait de fort gros, provenant de quelque monstre des profondeurs. Ces ossements fournissaient des poutres ; les portes, elles, étaient faites avec d'autres os, des palettes plates, provenant également de squelettes de poissons.

Quant à l'origine de ce peuple des Mangeurs de Poissons, voici la légende que se racontaient les hommes et qu'ils tenaient d'on ne sait qui. Ils disaient qu'autrefois, sur l'un des îlots de cette mer vivait une déesse marine, qui accueillait avec beaucoup d'aménité tous les matelots qui passaient dans les parages. Elle avait même coutume de les attirer sur son île, sous prétexte de leur montrer sa demeure. Mais, lorsqu'ils étaient en son pouvoir, elle les transformait aussitôt en poissons. Et ce manège dura de longues années. À la fin, le Soleil, irrité des méfaits de la déesse, lui intima l'ordre de quitter l'île. Et la déesse s'en alla — nul ne savait où. Alors, le Soleil, rempli de pitié pour ses victimes, leur rendit leur forme humaine. Et c'étaient tous ces matelots qui étaient à l'origine de la race des Mangeurs de Poissons.

Bientôt, le hasard allait donner aux Grecs d'être témoins d'un spectacle étrange, et dont personne, dans leur pays, n'avait la moindre idée. La flotte venait, un matin, de lever l'ancre, lorsque, tout à coup, voici que, devant les navires, l'on vit l'eau se soulever et jaillir jusqu'au ciel, avec une force irrésistible. Marins et soldats furent effrayés et crurent que la mer se mettait à bouillir. Néarque, mieux renseigné, comprit tout de suite que l'on venait de rencontrer une baleine. Mais connaître la cause d'un phénomène aussi étrange était une chose, trouver le moyen de parer au danger que représentait le monstre en était une autre.

Néarque, pourtant, imagina sur-le-champ la manœuvre nécessaire ; il rangea la flotte en ordre de bataille, les proues tournées en direction de la baleine ; cela fait, il fit pousser le cri de guerre et commanda de ramer aussi vite que possible, en faisant autant de bruit qu'il se pourrait. Alors l'on vit tous les bateaux avancer, au commandement ; on entendit tous les marins, tous les soldats pousser de grands cris rythmés, tandis que mugissait la trompette et que les rames soulevaient des flots d'écume. La baleine, que l'on distinguait maintenant très bien, à mesure que l'on en approchait, s'arrêta d'abord de souffler puis, évidemment effrayée par tout ce vacarme, plongea dans l'abîme et disparut. On l'aperçut encore une fois, lorsqu'elle fit surface, loin derrière les navires ; mais, déjà, le jet d'eau qu'elle faisait jaillir n'était plus qu'un brouillard bientôt confondu avec l'horizon.

Peu de jours après avoir rencontré la baleine, et avoir, grâce à la présence d'esprit de Néarque, échappé à ce terrible danger, les Grecs pénétrèrent dans le détroit qui marque l'entrée de la mer que nous appelons aujourd'hui le golfe Persique. Là, la côte se fit plus hospitalière. Les villages étaient entourés de jardins où poussaient toutes sortes d'arbres. Néarque fit longuement reposer ses hommes, après les épreuves qu'ils avaient endurées, et, fermant les yeux sur les manquements à la discipline, les laissa quelque peu s'égailler dans l'intérieur du pays. Et voici que des soldats qui avaient pénétré plus loin que les autres rencontrèrent un homme portant un vêtement grec. Les soldats l'abordèrent et, ô merveille, il parlait grec ! En entendant le son de leur propre langue, ces hommes rudes, qui avaient conquis l'Asie, se mirent à pleurer. Et, au milieu de leurs larmes, ils demandèrent à l'inconnu qui il était, d'où il venait, en ces lieux sauvages. Et il leur répondit qu'il était l'un des compagnons d'Alexandre, et que le camp du roi n'était pas bien éloigné ; que lui-même s'était égaré, mais qu'il ne serait pas fort difficile de retrouver le chemin. Les soldats, sans plus attendre, conduisirent l'homme à Néarque, et la bonne nouvelle se répandit dans toute l'armée.

Pendant ce temps, comme il arrive, tous les gens du pays allèrent répétant que la flotte d'Alexandre était là, si bien que le gouverneur de la province l'apprit et, sans plus tarder, se mit en devoir d'aller prévenir le roi, car il savait qu'Alexandre était fort en peine du sort de ses navires et de ses hommes. En toute hâte, il se rendit au camp et dit au roi : « Seigneur, Néarque est là ; il approche, il va bientôt venir ici », ce qui réjouit grandement le roi.

Mais le gouverneur avait agi avec précipitation, et Néarque, avant de se rendre au camp d'Alexandre, avait commencé par faire tirer les navires au sec sur le rivage, comme c'était alors la coutume lorsqu'on voulait séjourner assez longtemps en un endroit ; puis il les avait entourés d'une muraille, pour les mettre à l'abri d'une entreprise des pillards, et c'est seulement toutes ces précautions prises, au bout de quelques jours, qu'il se mit en route.

Et, pendant ce temps, Alexandre s'impatientait. À mesure que les jours passaient, il était de plus en plus persuadé que le gouverneur s'était moqué de lui et, comme un espoir déçu engendre la colère, il le fit arrêter, en l'accusant d'avoir menti. Pourtant, ne voulant négliger aucune chance, il avait envoyé, dans la direction de la mer, des hommes avec des chevaux et des chars pour ramener Néarque. Et il arriva qu'un groupe de ces hommes rencontra, sur son chemin, Néarque et Archias, avec cinq ou six compagnons, en route pour le camp d'Alexandre. Mais Néarque, Archias et leurs compagnons étaient si hirsutes, si brûlés par le soleil, si amaigris, à cause de l'étrange nourriture dont ils avaient dû se contenter pendant des mois, qu'ils ne les reconnurent pas. Néarque leur demanda où se trouvait Alexandre ; les autres répondirent en leur indiquant le nom du pays où le roi avait son camp, et passèrent leur chemin.

Archias, cependant, eut une inspiration :

— Je crois, dit-il à Néarque, que ces hommes qui voyagent sur la même route que nous, et qui viennent évidemment de l'armée de roi, ne sont ici que pour venir à notre rencontre. Et ne nous étonnons pas qu'ils ne nous aient pas reconnus ; regarde-moi, et dis-moi si je te parais ressembler à ce que j'étais au départ ?

Néarque, frappé par la justesse de cette remarque, courut après les soldats, qui n'étaient pas encore bien loin, et leur demanda si, par hasard, ils ne cherchaient pas Néarque et ses compagnons. Les autres dirent que telle était bien leur mission.

— Néarque, c'est moi ! Et voici Archias.

Les soldats firent monter Néarque, Archias et leurs compagnons sur leur char et tout le monde revint au camp. L'un d'eux, pressé d'apporter la bonne nouvelle, avait pris les devants et annoncé au roi que Néarque était là, avec Archias et cinq compagnons. Mais il ne put naturellement donner aucun renseignement sur le sort de la flotte, car il avait négligé de demander aucun détail à Néarque. Aussi Alexandre fut-il persuadé que c'étaient là les seuls survivants de l'expédition ; et, tout en se réjouissant de savoir ses amis sains et saufs, il fut rempli d'amertume à la pensée que ses soldats et ses navires avaient péri.

Mais déjà Néarque et Archias étaient là. Lorsque Alexandre les vit si mal en point, les cheveux longs, les vêtements en lambeaux, il se mit à pleurer, ne doutant pas que les pires craintes ne fussent réalisées. Longtemps, ses larmes l'empêchèrent de parler, mais, à la fin, il dit :

— Que tu sois revenu sain et sauf, avec Archias, me console du désastre. Mais comment l'armée et la flotte ont-elles été anéanties ?

— Mais, Seigneur, répondit Néarque, elles sont intactes, l'une et l'autre ! Nous sommes venus, Archias et moi, vous en porter la nouvelle !

Sur quoi, Alexandre, plus ému que jamais, se reprit à pleurer de plus belle ; il n'en pouvait croire ses oreilles, et ne cessait de poser à Néarque question sur question. Quand il sut que les bateaux et les hommes étaient en sûreté, à l'embouchure du fleuve voisin, il offrit un sacrifice d'action de grâces à Zeus et déclara publiquement qu'il était plus heureux du succès de cette entreprise que de toutes ses conquêtes, tant la joie qu'il en éprouvait avait été inespérée et douce, après son grand chagrin.

Pendant ces démonstrations, le gouverneur de la province, qui était toujours enchaîné, parvint à se faire entendre de Néarque, et lui dit comment le roi l'avait fait arrêter, prétendant qu'il lui avait annoncé une fausse nouvelle. Le pauvre homme avait l'air si lamentable, tandis qu'il parlait à Néarque, que celui-ci ne put s'empêcher de rire.

— C'est moi, disait le malheureux, qui ai le premier annoncé au roi ton arrivée, et tu vois dans quel état je suis ! Que me serait-il arrivé si je lui avais annoncé une mauvaise nouvelle !

Néarque, touché par ses prières, parla au roi en sa

faveur, non sans l'avoir mis en garde, pour l'avenir, et lui avoir recommandé de ne plus jamais se mêler de ce qui ne le regardait pas. Alexandre, qui avait totalement oublié l'infortuné gouverneur, accorda bien volontiers sa grâce à Néarque et même le rétablit dans toutes ses fonctions, en y ajoutant un cadeau, pour le dédommager de ses émotions.

Pour célébrer un si beau jour, Alexandre, selon la coutume des Grecs, organisa un grand concours athlétique, auquel participèrent tous les soldats. Après quoi, Néarque retourna à la côte, afin de remettre les navires en état et de reprendre sa navigation au plus tôt. Mais, désormais, les pays qu'il devait longer n'étaient plus inconnus ni déserts. Le gouverneur, reconnaissant à Néarque d'être revenu si opportunément pour lui, s'offrit pour servir de pilote. Le voyage continua, monotone, le long d'une côte tantôt marécageuse et tantôt rocheuse, jusqu'à l'embouchure du Tigre, que les navires remontèrent. C'est là qu'ils rencontrèrent Alexandre, qui revenait vers Suse. La jonction des deux armées se fit au milieu d'une immense joie. Il y eut un grand défilé, au cours duquel les soldats lancèrent des fleurs et des bouquets de ruban à Néarque, pour le remercier d'avoir été un guide aussi sûr et un chef aussi heureux. Alexandre lui fit présent d'une couronne d'or. Tout le monde était émerveillé de l'exploit de Néarque, qui avait été le premier à reconnaître, en la longeant, toute la côte entre la Perse et l'Inde. Généralement, les navires perses partaient de Babylone et naviguaient en haute mer jusque dans l'Inde. Encore n'y en avait-il pas beaucoup à tenter pareille aventure.

Sur la mer, comme sur la terre, Alexandre avait été le premier.

XXVII

LA MORT D'ALEXANDRE

À son retour de l'Inde, et partout victorieux, Alexandre marchait vers Babylone. De toutes parts, des ambassades se présentaient à lui pour le féliciter et lui offrir des présents. Certaines ambassades venaient de pays fort lointains : par exemple du fond de l'Afrique, ou encore d'Italie, d'Éthiopie, de chez les Celtes et de chez les Ibères. Bref, il semblait qu'Alexandre fût devenu roi non seulement de l'ancien Empire de Darius mais du monde tout entier.

Certains prétendent même que les Romains lui envoyèrent alors une ambassade. Mais cela est assez peu croyable, car les Romains avaient horreur des rois ; ils étaient libres chez eux, et avaient assez à faire pour se protéger contre les montagnards italiens qui multipliaient alors les incursions sur leur territoire[1]. Il est très probable que les Romains ignoraient Alexandre, ou, s'ils en entendirent parler, qu'ils ne jugèrent pas à propos de s'en soucier. Quoi qu'il en soit, tous les autres peuples, émerveillés par une conquête aussi rapide et aussi complète de l'Asie

1. Voir *Contes et légendes de la naissance de Rome* et *Récits tirés de l'Histoire de Rome*, parus dans la même collection.

entière, ne se firent pas faute d'en féliciter le jeune roi, dont la gloire était immense.

Alexandre, de son côté, ne demeurait pas inactif. Tantôt il organisait, sur son passage, quelque expédition contre des tribus insoumises, tantôt il formait quelque nouveau projet, comme celui de faire explorer par une flotte la mer Caspienne, afin de savoir si elle communiquait avec le Pont Euxin ou avec la mer des Indes, si elle était une mer fermée ou simplement un immense golfe de l'Océan.

On peut penser qu'Alexandre se souciait là de questions singulières, et qu'il aurait dû trouver peu important qu'une mer de son Empire fût ou non en communication avec une autre. Mais c'est oublier qu'il avait eu parmi ses maîtres le grand Aristote, l'un des esprits les plus curieux, les plus avides de savoir, qu'ait connus le monde antique [1]. Et un peu de cette curiosité avait passé du maître à l'élève. Et puis, en ce temps-là, on ne savait pas encore très exactement quelle était la forme de la terre. Quelques savants soupçonnaient bien qu'elle était pareille à une boule, mais la plupart des gens la croyaient plate, comme un disque immense flottant sur les eaux de l'Océan. Ils s'imaginaient que l'Océan entourait notre terre, et que, bien loin, à l'horizon, le ciel prenait appui sur les eaux en formant une voûte de cristal où cheminaient les astres. Cet Océan que les voyageurs avaient découvert à l'ouest de la terre, au-delà des colonnes d'Hercule, et que Néarque venait de découvrir autour de l'Inde, Alexandre désirait vivement savoir si on le retrouverait aussi de l'autre côté du Caucase, et s'il entourait également l'Asie, comme il semblait entourer l'Afrique. Pour toutes ces rai-

1. Voir Entracte, p. VI.

sons, il chargea l'un de ses lieutenants de construire une flotte sur les bords de la mer Caspienne.

Cependant, il continuait sa route et, après avoir traversé le Tigre, où l'attendait Néarque, avec les hommes revenus de l'Inde en suivant la côte, il approchait de Babylone. Il n'était plus qu'à une ou deux étapes de la ville lorsque les prêtres chaldéens se présentèrent à lui et le supplièrent de ne pas aller plus loin. Ils lui dirent qu'un oracle de leur dieu les avait avertis que s'il entrait dans Babylone, un grand malheur le menaçait, lui, personnellement.

Ces prêtres chaldéens étaient des astrologues et des devins réputés, et chacun tenait le plus grand compte de leurs oracles. D'ordinaire, Alexandre les écoutait avec respect, mais, cette fois, dans l'excès de bonheur que lui avait causé le retour de Néarque, il leur répondit que « les meilleurs prophètes étaient ceux qui annonçaient le bonheur » et qu'il ne croyait pas à leur prédiction sinistre. Les prêtres insistèrent :

— Roi, dirent-ils, ne marche pas vers le Couchant ; fais rebrousser chemin à ton armée et marche vers l'Orient.

Alexandre, alors, se moqua d'eux ouvertement, et il n'en fit qu'à sa tête. Il avait d'ailleurs pour cela quelque raison. Il soupçonnait les Chaldéens de n'être pas absolument désintéressés en lui donnant le conseil de ne pas pénétrer dans Babylone. Et voici pourquoi.

Autrefois, le roi Xerxès, lorsqu'il était revenu de Grèce, après sa défaite, avait fait raser tous les temples qui s'élevaient dans Babylone. Peut-être voulait-il ainsi punir les dieux de l'avoir abandonné. Alexandre, lorsqu'il était entré dans la ville, avait formé le projet de les reconstruire tous, et notamment le plus grand d'entre eux, celui du dieu Bélos, dont les Chaldéens étaient les prêtres. Ce temple avait été construit en brique crue, comme tous les autres édifices publics de Babylone, et, depuis sa destruction, les briques étaient restées sur le sol, et, progressivement, s'étaient décomposées sous l'action des intempéries, qui les avaient transformées en énormes tas de glaise.

Avant de quitter la ville, Alexandre avait ordonné de faire disparaître tous ces décombres, afin de préparer le terrain pour la construction projetée. Tant qu'il était resté à Babylone, les travaux avaient progressé de façon satisfaisante, mais, depuis son départ, il le savait, tout s'était arrêté. Et il soupçonnait fort les prêtres de Bélos d'avoir ralenti eux-mêmes le zèle des ouvriers, car le dieu possédait d'immenses propriétés, destinées, en principe, à subvenir aux besoins du culte et à l'entretien du sanctuaire ; en fait, depuis la destruction du temple, les prêtres en avaient le bénéfice tout entier, et il ne leur plaisait guère de voir reconstruire un temple dont ils auraient à nouveau la charge et dont le service diminuerait très sensiblement leurs revenus.

Et Alexandre se disait que cela suffisait à expliquer leur manque d'enthousiasme, à l'idée qu'avec son retour, le projet allait être repris et activement poussé. C'est pourquoi il n'attacha pas grande importance à leur avertissement. Pourtant, à tout hasard, et comme pour ne pas avoir l'air de mépriser tout à fait leur prédiction, il s'abstint, une fois arrivé devant Babylone, de pénétrer dans la ville et, le premier soir, il campa le long de la rivière. Le lendemain, il descendit celle-ci, de façon à contourner la ville et à y pénétrer en regardant vers l'est, comme le lui avaient conseillé les prêtres. Mais le terrain, dans cette partie des faubourgs, était extrêmement marécageux, et le roi dut renoncer à son projet. Finalement, il pénétra dans la ville par la porte orientale, et, malgré lui, désobéit au dieu.

Vers le même moment, un autre mauvais présage vint inquiéter le roi. L'un de ses officiers, qui n'avait pas la conscience tranquille, et qui redoutait que quelque méfait, qu'il avait commis en l'absence du roi, ne lui attirât un châtiment mérité, demanda à son frère, qui était devin, de lui dire quelle était la destinée du roi. Or ce frère prédisait l'avenir en interrogeant les entrailles des animaux. Et la victime qu'il sacrifia pour demander aux dieux de lui révéler leurs intentions au sujet d'Alexandre se trouva posséder un foie dépourvu de lobe — ce qui est considéré par les devins comme étant un présage infaillible de mort. Le devin, épouvanté, se hâta de prévenir son frère et celui-ci, qui, malgré tout, avait beaucoup d'affection pour Alexandre, ne crut pas pouvoir garder pour lui un tel secret — peut-être pensait-il aussi que le roi lui saurait gré de l'avoir averti du danger menaçant et lui pardonnerait sa faute. Alexandre accueillit la nouvelle avec indifférence ; il se contenta de remercier son subordonné et n'attacha pas davantage d'importance à la chose. Il semblait que les dieux lui eussent enlevé toute clairvoyance. Et le roi, méprisant les avertissements du ciel, continuait à former de nouveaux projets.

Il entreprit, par exemple, de faire creuser un port immense, sur l'Euphrate, à Babylone ; un port capable de recevoir mille vaisseaux, et, en même temps, il prit les mesures nécessaires pour la construction d'une flotte ; il fit venir de Phénicie des bateaux que l'on transporta, par caravanes, à travers le désert, en pièces détachées, et que l'on monta sur le bord de l'Euphrate. Partout, des officiers allaient dans les villes recruter des marins, qu'ils attiraient en leur promettant des primes énormes, ou bien ils achetaient des esclaves provenant des villes maritimes et entraînés à la manœuvre des bateaux. L'intention du roi était de coloniser toute la côte reconnue par Néarque et de fonder toute une série de ports destinés à faciliter le cabotage jusque dans l'Inde. Telle était du moins son intention avouée. Mais peut-être songeait-il, en réalité, à conquérir le pays des Arabes et à remonter, de l'autre côté de la mer Rouge, à travers l'Éthiopie, de façon à réunir deux parties de son Empire : la Perse et l'Égypte.

Et, comme si toutes ces entreprises ne suffisaient pas, il se mit aussi en devoir de réorganiser l'irrigation du pays autour de Babylone, creusant des canaux, dérivant des bras du fleuve, élevant des digues, et allant lui-même inspecter les travaux. Un jour, il remonta la rivière en bateau et se perdit dans les marécages que forme l'Euphrate en amont de Babylone. Pour rassurer son équipage, il prit lui-même la barre du bateau et commença de le piloter pour le remettre sur la bonne route. Or, il soufflait, ce jour-là, un grand vent. Le roi était debout à la poupe, le gouvernail en main ; pour se protéger du soleil, il avait mis un grand chapeau de paille par-dessus le diadème royal — une sorte de ruban qui entourait sa tête et que le roi seul avait le droit de porter. Soudain, un coup de vent enleva le chapeau, qui tomba dans la rivière, mais le diadème, plus léger, fut entraîné beaucoup plus loin, jusque dans des roseaux qui bordaient le rivage d'une petite île, où il s'accrocha.

Or il se trouvait que, dans cette île, s'élevait le tombeau d'un des anciens rois de Babylone et, lorsqu'un marin, qui avait plongé dans la rivière, voulut reprendre le diadème, comme l'étoffe était mouillée et le gênait pour nager, l'homme, sans hésiter, le noua autour de son front pour le rapporter au roi. Tous les assistants virent là un mauvais présage : il leur sembla que les rois défunts appelaient à eux celui qui était devenu leur successeur et que le marin, en se ceignant lui-même du diadème, avait en quelque sorte dépouillé Alexandre de sa royauté.

À quelque temps de là se produisit encore un autre présage. Un jour qu'Alexandre passait une revue, et qu'il faisait très chaud, il se leva de son trône pour aller boire. Or, tandis que le trône était ainsi resté vide, un homme sortit de la foule et, fendant le groupe des gardes, vint s'y installer, au milieu de la stupéfaction générale. Alexandre, lorsqu'il apprit la chose, fit arrêter l'homme et le questionna ; il se demandait si l'autre n'avait pas agi de la sorte pour attirer délibérément l'attention sur lui, ou s'il ne faisait pas partie de quelque complot. Mais l'homme, mis à la torture, ne put donner aucune explication satisfaisante de son geste. Il ne sut dire que : « C'est une idée qui m'est venue comme cela. » Comme si les dieux lui avaient envoyé cette inspiration et s'étaient servis de lui pour signifier au roi que le temps était proche où un autre que lui s'assoirait sur le trône.

Peu de jours après, au cours d'un banquet, Alexandre fut saisi d'une violente fièvre. Et, le lendemain, la fièvre était encore si forte qu'il ne put se lever, mais qu'on dut le porter en litière partout où il voulut aller. Le surlendemain, la fièvre persistait. Le roi n'en continua pas moins de recevoir ses officiers et de s'entretenir avec eux de divers projets. Et il en fut de même pendant plusieurs jours.

Mais il vint un moment où il n'eut même plus la force de parler. Il sentit que sa fin était proche. Il fit comprendre par signes qu'il voulait voir tous ses soldats : pour lui complaire, on fit défiler devant le lit où il se trouvait toutes les unités les unes après les autres. Il les regardait avidement, les saluant de la tête ou d'un regard. Ses amis, désespérés, interrogèrent le dieu Sérapis, dont le temple se dressait au voisinage. Ils lui demandèrent s'il valait mieux laisser le roi où il était ou le transporter dans le temple. Le dieu répondit qu'il valait mieux laisser le roi où il était. Peu de temps après, Alexandre rendit le dernier soupir. Avant de mourir, il avait trouvé la force de répondre, dans un souffle, à l'un de ses amis qui lui demandait à qui il léguait son empire : « au plus digne » — réponse qui laissait tout le monde dans l'embarras, et qui allait faire couler beaucoup de sang.

Alexandre mourut à trente-deux ans. Dans toute sa vie, il n'avait connu que des victoires. Ses imprudences et ses erreurs même avaient tourné à son avantage, et cela ne contribua pas peu à répandre la foi dans son origine divine. Même après sa mort, son exemple continua d'enflammer l'imagination des hommes. Si Alexandre n'avait pas existé, peut-être y aurait-il eu moins de grands conquérants ; mais il est certain aussi que ces mêmes conquérants n'auraient pas cherché à rivaliser avec leur modèle en générosité, en clémence et en grandeur.

ÉPILOGUE

Alexandre était mort au matin du 10 juin de l'année 323 avant la naissance du Christ, et il laissait sans maître l'empire qu'il avait conquis. Jamais homme n'avait tenu dans le monde une telle place. Grecs, Macédoniens et Barbares mesurèrent soudain le vide immense que laissait sa disparition. Les Perses, selon la coutume, lorsque mourait l'un de leurs rois, s'étaient rasé la tête et, en vêtement de deuil, pleuraient celui qu'ils ne regardaient plus comme leur vainqueur, mais comme leur roi.

De Babylone, la nouvelle se répandit partout ; elle parvint à Suse, où se trouvait la mère de Darius. Et cette vieille femme, qui aurait dû se réjouir de cette mort, déchira ses vêtements et pleura, comme elle avait pleuré son propre fils. Et, désespérant de retrouver un autre Alexandre pour prendre soin de sa vieillesse, elle refusa toute nourriture, et, peu de jours après, mourait inconsolée.

Cependant, la discorde se mettait dans l'armée. Le cadavre d'Alexandre n'était pas encore enseveli que, déjà, ses amis se disputaient le pouvoir. On alla chercher un frère d'Alexandre, qui vivait auprès de Babylone, et on le couronna, mais ce n'était qu'un moyen pour les officiers du roi d'exercer le pouvoir à sa place. L'un d'eux, Perdiccas, souleva l'armée et réussit à tuer ses rivaux les plus dangereux ; puis, sous prétexte de donner à chaque province les gouverneurs qu'il fallait, dépeça l'empire, afin d'éloigner ses anciens amis.

Bientôt, ces provinces devinrent, entre leurs mains, des royaumes indépendants, et ce furent, entre les souverains, des guerres continuelles qui ensanglantèrent l'Orient.

Mais, malgré tous les malheurs à venir, l'œuvre d'Alexandre n'avait pas été vaine. Jamais les peuples qu'il avait soumis n'oublièrent qu'ils avaient fait partie, au moins un temps, de son empire ; tous eurent l'impression d'appartenir, en quelque sorte, à une même patrie, et l'on vit les Grecs s'installer librement en Orient, en Égypte, adorer les dieux des Barbares, tandis que les Perses et les Égyptiens adoptaient certaines coutumes des Grecs.

Deux continents avaient trouvé, grâce à Alexandre, le moyen de se mieux connaître ; les villes fondées par le conquérant se peuplèrent, devinrent prospères et furent, à leur tour, des capitales qui remplacèrent les anciennes. Les hommes, marchands, artistes, philosophes et savants apprirent des chemins nouveaux, et, si, peut-être, Alexandre n'était pas le fils d'un dieu, du moins les dieux se servirent-ils de lui pour préparer l'avenir du monde et changer le cours de l'Histoire.

TABLE DES MATIÈRES

Dans la collection Mythologies : des contes et légendes de tous les pays et de tous les temps

Petit dictionnaire de la mythologie
Martine Beck

D'Adonis à Zeus, d'Aphrodite aux Titans, vous les retrouverez tous : dieux et déesses qui trônent sur l'Olympe, héros et monstres qui s'affrontent dans des aventures extraordinaires, nymphes ou princesses aimées des Immortels. Naissances, exploits, amours résumés à partir des mythes les plus célèbres de l'Antiquité : ce petit dictionnaire fera de vous des champions de la mythologie.

Contes et légendes des Vikings
Alan Boucher

Dans la demeure des Immortels règnent le terrible Odin, armé de sa lance miraculeuse, et son fils Thor au redoutable marteau. Loki, le traître, trame ses ruses malfaisantes. La nature et les animaux, les hommes et les dieux participent à cette odyssée guerrière qui chante l'espoir d'un monde nouveau.

Contes et légendes des chevaliers de la Table Ronde
Laurence Camiglieri

Le roi Artus, la reine Guenièvre, Lancelot du Lac, la forêt de Brocéliande, le Val sans retour… Héros fabuleux, sites mythiques. Aventures merveilleuses. Ces récits nous plongent dans l'univers médiéval de l'amour courtois, de la chevalerie où se mêlent les exploits guerriers et les phénomènes surnaturels, où s'affrontent le bien et le mal.

Contes et récits tirés de *L'Iliade* et de *L'Odyssée*
G. Chandon

Un prince troyen a enlevé une reine grecque. Le scandale déclenche la guerre la plus célèbre de l'Antiquité... Monstres et magiciennes guettent Ulysse dans sa fabuleuse odyssée. Parviendra-t-il à arracher sa fidèle épouse Pénélope aux prétendants qui convoitent son royaume d'Ithaque ?

Récits tirés du théâtre grec
G. Chandon

Le théâtre est né à Athènes au VIe siècle avant J.-C. Pour la première fois, des hommes masqués et déguisés jouent « en direct » les histoires des dieux connues de tous. Installez-vous sur les gradins du théâtre de Dionysos : venez trembler aux malheurs des Atrides et des Labdacides, venez rire aussi avec les oiseaux de « Coucou-Ville ».

Les héros de la guerre de Troie
G. Chandon, Laura Orvieto

*À partir d'Homère (*L'Iliade*) revu par les* Contes et légendes *des éditions Nathan, un florilège des meilleurs récits sur les différents épisodes de la guerre de Troie. Troie, cité de légende, lieu où s'affrontent les plus valeureux héros du monde antique : l'immortel Achille, le subtil Ulysse, l'orgueilleux Agamemnon, le sage Priam, le courageux Hector. Tout cela pour les yeux d'Hélène, épouse volage du roi Ménélas et ravie par le beau Pâris, prince de Troie.*

Les héros de la Rome antique
G. Chandon, Jean Defrasne, Laura Orvieto, Maguelonne Toussaint-Samat

Du premier roi au dernier dictateur, de Romulus à César, de la fondation de la Ville éternelle à la fin de la République, revivez les exploits héroïques et les grands moments de l'histoire romaine. C'est ainsi que la ville aux sept collines devint la maîtresse du monde.

Récits tirés de l'histoire de Rome
Jean Defrasne

Toute l'histoire de Rome antique, ses grandeurs, ses faiblesses, ses heures sombres et ses jours de gloire : voici les Gaulois à l'assaut de la Ville éternelle, les éléphants d'Hannibal venus de la puissante Carthage, César trahi par les siens, l'esclave Spartacus luttant pour libérer ses compagnons d'infortune, l'empereur Néron emporté par sa folie mégalomane, et bien d'autres...

Monstres et merveilles de la Méditerranée antique
Jean Defrasne

Embarquez-vous avec Ulysse, que la colère de Poséidon empêche de revenir sur son île d'Ithaque ; avec Jason à la conquête de la Toison d'or ; ou encore avec Enée cherchant une nouvelle Troie. Rejoignez les générations de marins que la mer Méditerranée a fait rêver. Que de périples mouvementés, que de monstres vous surprendrez à chaque vague !

Les contes d'Excalibur
Alain Demouzon

Un soir, après la classe, Corentin trouve sur sa route un chevalier errant, surgi de la nuit des temps, qui lui confie une mission : retrouver Excalibur et restaurer le royaume de la Table Ronde. Le voici parti vers ces temps enchantés, bientôt rejoint par son amie Clotilde, devenue fée de Brocéliande…

Récits tirés de l'histoire grecque
Marguerite Desmurger

Découvrez les hauts lieux de la Grèce ancienne et vivez les plus grands moments de son histoire en compagnie de héros devenus légendaires : Olympie et ses athlètes, Sparte et ses valeureux guerriers, Crésus et son or, le combat désespéré de Léonidas aux Thermopyles, ou encore Socrate buvant la ciguë.

Contes et légendes de l'Égypte ancienne
Marguerite Divin

Fascinante Égypte ! Au bord du Nil majestueux, ses pyramides abritent le mystère. Ses momies sont les étranges témoins d'un monde cinq fois millénaire. Entrez dans ses légendes et voguez sur la barque magique du Seigneur Râ, rencontrez Isis, fréquentez dieux et pharaons. Ils vous invitent au plus beau des voyages : celui du rêve dans un temps fabuleux.

Contes et légendes mythologiques
Émile Genest

Vous les rencontrez tous : les dieux et les déesses qui ressemblent, malgré leurs extraordinaires pouvoirs, aux pauvres mortels de la Terre ; les héros capables d'accomplir d'impossibles exploits ; les monstres sortis des songes les plus fous, des cauchemars les plus noirs. Ils font galoper notre imagination et n'ont pas fini de peupler nos rêves.

La légende de Napoléon
Gérard Gengembre

Histoires, récits, poèmes... De la naissance du petit Bonaparte en Corse jusqu'à ses premières actions d'éclat lors du siège de Toulon en 1793; des campagnes d'Italie au sacre; c'est toute la vie de Napoléon qui nous est racontée ici en vingt-cinq textes, jusqu'à son apothéose.

Contes et légendes des Antilles
Thérèse Georgel

Poisson la lune et la baleine tropicale, You glan glan, térébenthine et Cécenne, voilà quelques-uns parmi tous les personnages merveilleux (ou méchants) que vous allez rencontrer dans ce recueil d'histoires des îles, ces doux pays sans hiver où la mer est phosphorescente et où les poissons volent.

Les douze travaux d'Hercule
Christian Grenier

Pour expier ses crimes, Hercule est condamné à douze travaux forcés: tuer le lion de Némée, l'hydre de Lerne, rapporter la ceinture de la reine amazone et même... dompter Cerbère, le chien qui garde les Enfers! Alliant la force à la ruse et l'astuce à la témérité, le plus célèbre des personnages mythologiques est aussi le premier des héros...

Le Premier Livre des Merveilles
Nathaniel Hawthorne

Découvrez les plus célèbres légendes de la mythologie grecque racontées par un grand romancier américain du XIXe *siècle à ses jeunes enfants: vous tremblerez avec Persée face à la terrible Gorgone Méduse, vous suivrez Hercule sur le chemin du jardin des Hespérides. Midas et Pandore, Philémon et Baucis vous feront partager leurs misères et leur bonheur.*

Le Second Livre des Merveilles
Nathaniel Hawthorne

Dans ce deuxième recueil de contes adaptés des plus célèbres légendes de la mythologie grecque, vous entrerez dans le labyrinthe sur les pas de Thésée, mais aussi dans le palais de Circé à la suite d'Ulysse; vous découvrirez comment les Pygmées ont vaincu l'invincible Hercule, tandis que Jason et Cadmus affrontent de terribles dragons.

Les héros de la mythologie grecque
Nathaniel Hawthorne

Découvrez les plus célèbres légendes de la mythologie grecque racontées par un grand romancier américain du XIXe siècle : vous tremblerez avec Persée face à la terrible Gorgone et avec Bellérophon affrontant la Chimère. Vous entrerez dans le labyrinthe sur les pas de Thésée et vous partirez, avec Jason, à la conquête de la Toison d'Or.

Contes et légendes du Moyen Âge français
Marcelle et Georges Huisman

Roland et la fière Durandal, son épée, Guillaume d'Orange, vaillant défenseur de Charlemagne, le bel Aucassin et la gente Nicolette sans oublier Renart aux mille tours : ils sont tous là, pour le plaisir du lecteur, dans ces contes et légendes qui retentissent encore du bruit des batailles et des chansons d'amour.

Contes et légendes de la Bible
Michèle Kahn

1. Du jardin d'Éden à la Terre Promise

Le fruit défendu, qui n'en a pas entendu parler ? Mais savez-vous comment Ève le fit goûter à Adam ? Et comment Jacob acheta son droit d'aînesse contre un plat de lentilles ? Et comment Joseph, esclave, devint vice-roi d'Égypte ?

2. Juges, rois et prophètes

Le combat de David et de Goliath, qui n'en a jamais entendu parler ? Mais savez-vous comment le jeune berger abattit le géant ? Et comment Samson le vengea de la trahison de Dalila ? Et comment le sage roi Salomon répondit aux énigmes de la reine de Saba ?

Contes berbères de Kabylie
Mouloud Mammeri

Une petite fille et son frère au milieu des fauves ; une belle aux cheveux d'or aimée d'un prince ; un fils de roi à la poursuite de la fiancée du soleil. Ces contes berbères qui s'ouvrent par l'antique et mystérieuse formule « Machaho ! Tellem Chaho ! » ont traversé, oralement, bien des générations pour arriver jusqu'au lecteur d'aujourd'hui, enchanté et ravi.

Contes et légendes de la naissance de Rome
Laura Orvieto

Un guerrier beau comme un dieu, une vestale qui oublie le feu sacré, un berceau abandonné au fil de l'eau. Aux côtés de Romulus, vivez au jour le jour les péripéties de la fondation d'une humble bourgade, née dans la violence le 21 avril 753 av. J.-C., et promise à une gloire éclatante : Rome, la Ville éternelle.

Histoires merveilleuses des cinq continents
1. Au temps où les bêtes parlaient
2. Sur les routes, l'aventure
3. Amours et jalousies
Ré et Philippe Soupault

Ce sont de merveilleux contes que Ré et Philippe Soupault ont rassemblés aux quatre coins du monde. L'aventure attend au coin du chemin. On part sur les grandes routes de la terre et l'on rencontre des ennemis farouches, des périls inouïs mais aussi des amis fidèles et de charmantes princesses.

Légendes et récits de la Gaule et des Gaulois
Maguelonne Toussaint-Samat

Hercule et la Crau, Pythéas et Marseille, Vercingétorix et Alésia, sainte Geneviève et Paris : la Gaule tout entière est peuplée de héros mythiques et de chefs guerriers. Ces Gaulois, qu'on dit être nos ancêtres, se révèlent, à travers mille ans d'Histoire et d'histoires, joyeux, indisciplinés, bavards, un brin vantards, toujours sympathiques.

Dans chaque volume :

EN SUPPLÉMENT - ENTRACTE -
Des pages de jeux pour entrer dans la légende

Impression réalisée sur Presse Offset par

BRODARD & TAUPIN

GROUPE CPI

La Flèche (Sarthe), le 22-12-2004
N° d'impression : 27044

Dépôt légal : janvier 2005

Imprimé en France

POCKET jeunesse
12, avenue d'Italie • 75627 PARIS Cedex 13
Tél. : 01.44.16.05.00